# LE DERNIER VOYAGE
### Récits d'exil Hmong

De la même auteure :
Tougain, le Paresseux
Le petit fantôme au panier Halloween

**Maiv Lis**

# LE DERNIER VOYAGE
## Récits d'exil Hmong

3ème éd. Augmentée

Couverture : Mélodie Sidoti

© 2025 « Le Code de la propriété intellectuelle interdit les copies ou reproductions destinées à une utilisation collective. Toute représentation ou reproduction intégrale ou partielle faite par quelque procédé que ce soit, sans le consentement de l'auteur ou de ses ayants causes, est illicite et constitue une contrefaçon, aux termes des articles L.335-2 et suivants du Code de la propriété intellectuelle. »

*À ma mère,
et à toutes les femmes qui font la douceur
de ce monde.*

# Avant-propos

« Le dernier voyage » relate le périple qui a conduit une famille Hmong de sa province du Laos jusqu'à la Région Parisienne, à la fin de la Guerre du Vietnam (1955-1975).

Il s'agit de deux récits de vie : la première partie est racontée par Mao, ma mère. Elle évoque son enfance, sa vie de femme et de mère, la fuite jusqu'en Thaïlande, puis l'arrivée en France.

Dans la deuxième partie, je reprends la narration de notre fuite jusqu'à l'intégration à la vie occidentale.

Les événements se croisent et l'angle de vue est différent, du ressenti de chacune. Cependant, je voulais montrer que cette histoire pourrait très bien être celle de toute personne déracinée, obligée de fuir la guerre pour survivre.

En outre, ce livre évoque le voyage d'un lieu à un autre et le grand voyage de la vie, qui commence par la naissance et se termine par la mort.

Puisse ce livre vous ramener à la maison, en prenant le temps d'être avec vos proches. Rien n'est plus précieux que d'avoir un « chez-soi », la source de chaque individu.

*« En mai 1975*
*Notre pays entra en guerre*
*Nous fûmes obligés de quitter nos maisons,*
*nos champs et nos animaux*
*[...]*
*Nos larmes coulèrent sans fin*
*mais nous ne pouvions nous confier à personne...* »

Chanson de l'exil
(extrait de l'interprétation de la chanson par Ci Vaj)

# Prologue

Ma mère a enregistré le récit de sa vie sur une cassette audio le 11 juillet 1997. Comment un enregistrement de quarante-cinq minutes a-t-il pu durer soixante-dix-sept ans ?

Elle est décédée en 2012.

Aujourd'hui, quatre ans après, j'ai l'impression que c'était hier. C'est le moment de finir mon deuil, ou de le commencer vraiment. J'ai mis la cassette dans le lecteur : j'ai d'abord tremblé. Je reconnais sa voix que je croyais avoir oubliée.

Mais, c'est bien réel, maintenant elle nous a vraiment quittés. Puis la réalité me plonge dans la tristesse que je ne voulais pas accepter jusqu'à présent. Mon cœur semble vouloir quitter ma poitrine et mes larmes se mettent à couler comme une rivière.

Je l'imagine dans sa chambre, face au petit radiocassette qu'elle a donné à ma sœur et dont je me sers à présent pour l'écouter.

J'entends son aiguille pénétrer le tissu blanc où elle pose ses points de croix pour constituer une broderie.

Comme le fil chante lorsqu'elle le tire jusqu'au-dessus de son épaule !

Quelle est la couleur de ce fil ? Il y a du rouge, du vert et du bleu. Ses couleurs préférées, c'est certain. Des bouts de ces fils en lin parsèment le salon et ressortent quelquefois du canapé où ils s'étaient logés, oubliés pendant plusieurs années.

Une légère déviation de la voix suivie d'un petit claquement me fait comprendre qu'elle mouille un autre fil, le découpe en biais pour filer l'aiguille.

Sur mon petit ordinateur, je tape mes notes, traduites instantanément en français. Je colle et rassemble les morceaux de souvenirs, parfois pleins d'incohérences. Je suis triste de ne pas avoir fait cette traduction de son vivant. J'aurais pu poser des questions, obtenir plus de détails... J'ai peut-être pensé qu'elle ne mourrait jamais.

Sa vie se résume en labeurs, depuis sa naissance dans une famille d'agriculteurs Hmong du Laos. Avant de devenir une mère dont l'objectif est la survie de sa fratrie.

Dans cette transcription, j'ai essayé de rester fidèle à son récit. Alors, ne soyez pas surpris de certaines incohérences de dates, de lieux ou de faits historiques qui ne sont que son point de vue.

Suivez-la dans sa vie de « mère oiseau ».

# Mao
# Comme une « mère oiseau »

# 1

Je suis née au Laos et ma vie est déjà destinée à une vie de labeurs, comme celle de beaucoup de filles Hmong de mon village. Depuis la nuit des temps, je pense que les femmes ne naissent que pour connaître ce destin de labeur. Ainsi, nos mères, et avant elles, les mères de nos mères ont toutes labouré les terres de nos ancêtres...

Pendant des années de mariage, mes parents ne parviennent pas à avoir d'enfant. C'est très mal vu par la communauté Hmong. Un couple sans enfant est considéré comme un couple qui n'a pas fait beaucoup de bien dans sa vie antérieure. Ma mère entame un traitement contre la stérilité, à base de plantes. Elle met au monde mon frère Tcha.

Trois ans plus tard, toujours grâce au traitement, je nais. Mes parents me prénomment Mao, mais, comme je suis de santé fragile, mes parents pensent que ce prénom ne me convient pas. Ils décident donc de demander à une femme du clan Heu, de me « renommer ». C'est une pratique courante qui consiste à se faire baptiser par une personne de son choix et, souvent porteuse de chance.

Depuis, je m'appelle Mao Heu. Mais sur les papiers, je porte le nom de mon père. Il est du clan Xiong.

Nous vivons dans un village très fréquenté, dans les montagnes Hmong appelé « Té-Niou-Crou[1] ». Mes parents sont agriculteurs : ils cultivent le riz. Avant que le soleil ne se lève, bien avant même le chant du coq, sous les derniers rayons de lune, mes parents sont déjà levés et, tandis que ma mère s'affaire à préparer le repas du matin puis à nourrir les animaux, mon père nettoie les derniers outils : bêches, faux, lames de couteaux dentelées et usées par la rouille...

Il secoue les paniers dehors et retouche les parties dénouées par l'usage. Puis ils partent aux champs et nous ne les revoyons que le soir, très tard. Malgré leurs absences, mon frère et moi ne nous plaignons pas. C'est quelque chose de normal et nous n'avons même pas la pensée de dire qu'ils nous manquent.

Nous sommes gardés par des voisines bienveillantes qui ont le droit de rester au village pour s'occuper des tâches de la ferme : nourrir les animaux, préparer les repas, s'occuper des plus jeunes…

La vie au village est rude et heureusement que les habitants sont solidaires et s'entraident. Il arrive même que certaines femmes permettent à d'autres enfants de venir téter leurs seins, lorsque la mère est occupée ou rentre tard dans la nuit, ou lorsqu'elle n'arrive pas à produire suffisamment de lait.

---

1 Té-Niou-Crou : s'écrit « *Teb nyub qus* », lieu connu sous le nom de Montagne aux Gaurs, littéralement *la plaine aux buffles sauvages*.

J'ai souvent très faim et lorsqu'un jour, la « tante[2] » qui me garde me propose son lait, je me jette sur ses seins, tète goulûment avant d'aller me cacher de honte. Je salive aussi lorsque je vois les autres manger et même, lorsqu'il ne s'agit pas de nourriture, mon imagination me fait croire que dans les bambous transportés par des oncles venant de Paksé, il y a du riz. Il est vrai que le bambou, fraîchement coupé, dégage un parfum de riz tout juste sorti du feu...

Mes parents ont pitié de moi. Ils voudraient tant pouvoir nous nourrir tous les jours, mais, malgré leur travail, ils n'arrivent pas à subvenir à nos besoins et nous passons notre temps à déménager. Ils souhaitent trouver une terre assez généreuse qui donne suffisamment de riz où nous pourrions nous installer durablement. Que ce soit de Phao-Khao à Long-Cheng ou de Té-Niou-Crou à Phu-Mou, nous parcourons ces différents villages plusieurs fois dans notre vie et n'arrivons pas à trouver un endroit qui puisse nous accueillir pour de bon.

Heureusement, ils ne baissent jamais les bras et tentent la culture sur brûlis. Ils canalisent le feu à l'intérieur d'immenses carrés de terre qui sont brûlés pour servir d'engrais. Mais les mauvaises herbes des hauteurs sont trop humides. Le seul moyen est de les couper, faire des petits tas avant de les brûler : quelques plants de riz poussent timidement par endroit.

Les champs cultivables sont à une journée de marche, dans un lieu où il est impossible de s'installer

---

2 Il est d'usage d'appeler les adultes « tante » ou « oncle », par respect et pour éviter d'expliquer les liens souvent très compliqués.

seul. Dans ces montagnes, il faut être entouré d'autres groupes pour survivre. De plus, la rudesse des lieux et la topographie accidentée ne permettent pas de construire de logements solides. Les habitations sont donc éloignées des champs. Mes parents doivent, à l'issue de la récolte, charger plusieurs sacs de riz sur le dos de robustes chevaux pour les ramener au village. Le retour est semé d'embûches : l'humidité et la pluie rendent les chemins de terre boueux et glissants. Pendant qu'ils cultivaient leurs champs, les mauvaises herbes ont eu le temps de pousser et la nature a repris ses droits, rendant chaque voyage difficile. Épuisés par les allers-retours, ils profitent de plusieurs jours pour s'occuper des travaux de la maison et le stock de riz s'écoule rapidement.

Il nous arrive très souvent de souffrir de la faim pendant deux ou trois ans, avant que la terre ne soit assez chaude pour permettre la poursuite de la culture. Autrement, nous mangeons ce qu'il y a : des racines ou des écorces d'arbres que mes parents transforment astucieusement en farine. Pour cela, il faut abattre les arbres situés à flanc de colline, les traîner jusqu'aux endroits accessibles afin que les femmes et les enfants puissent les tronçonner pour les ramener à la maison. Ensuite, on enlève l'écorce, puis le tronc est dépecé en lamelles qu'il faut faire sécher au-dessus du feu, ou au soleil la journée.

Une fois sèches, les lamelles sont émiettées et mises dans des sacs pour être tamisées pendant des heures. On récupère la poudre puis on y ajoute de l'eau et on mélange sans s'arrêter pour permettre à la farine de s'agglomérer au fond du récipient, sans cela, le travail est perdu. On enlève l'eau tout doucement et on récupère enfin une petite quantité de farine, comme une décoction précieuse qu'on fait sécher près des cendres. On le mélange avec du riz ou de la semoule pour le rendre plus consistant et meilleur. Cela représente souvent le repas de la journée, avec à la place de la viande, un bouillon de lianes tiré d'une autre source de la nature.

La malnutrition est quotidienne et mon frère et moi avons bien du mal à grandir correctement : nos ventres sont souvent gonflés, nos bronches encombrées. Nos os se fragilisent, nos lèvres deviennent blanches et nos joues sont blafardes.

Dans ces conditions de vie difficile, la mortalité infantile est importante et mes parents font en sorte d'avoir le plus d'enfants possible. Ma mère entame un autre traitement contre la stérilité. Elle met au monde un garçon qui meurt à l'âge de neuf mois. Dans les campagnes, on est très superstitieux. Quand un malheur arrive, il est souvent signe de mauvais sort. Soit on a été mauvais dans notre vie antérieure, soit quelqu'un nous a jeté un sort…

Je pense qu'il est mort de malnutrition : ma mère n'a pas beaucoup de lait et elle travaille beaucoup trop. En plus, il n'y a pas d'hôpitaux et beaucoup de personnes ne se soignent qu'avec l'opium. C'est le seul remède qui soulage rapidement. Pour le reste on fait appel au chaman. C'est lui qui guérit tous les maux. Malgré cela, mon père, qui est lui-même chaman, se soigne souvent avec l'opium, ce qui ne l'empêche pas d'avoir des douleurs dans tout le corps.

Un malheur n'arrivant jamais seul, lors des funérailles de mon petit frère, mes parents font l'objet de critiques de toute sorte sur leur façon de pratiquer ce rite mortuaire des plus lourds et des plus pénibles. Pendant plusieurs jours et plusieurs nuits, il faut veiller le mort. Les invités connus ou inconnus défilent pour lui rendre hommage, même s'il n'était qu'un petit bébé. La famille endeuillée qui doit veiller à toujours approvisionner les tables des convives. Cela fait partie de la solidarité des paysans agriculteurs : si personne ne vient aux funérailles, cela voudrait dire que la famille n'est pas appréciée.

Les gens vivent au jour le jour et ce genre de drame montre les rapports humains ambigus et parfois impitoyables. Les plus médisants disent :

— Puisque les funérailles sont si étranges, tout le monde peut coucher avec tout le monde, ou se marier avec tout le monde, dans votre clan[3].

Ce qui est différent dans le clan de mon père, c'est que le défunt est allongé la tête contre le pilier comme lorsqu'on dort.

Après les funérailles, mon père décide donc de nous emmener vivre parmi les siens à Long-Cheng. Auprès d'eux, la survie au quotidien est moins difficile et mon frère et moi pouvons enfin grandir facilement, en étant moins malades. Mon frère commence même à draguer les filles.

Il en est ainsi, depuis la nuit des temps. Mon frère

---

3 Chaque famille Hmong appartient à un clan. Au sein d'un même clan les rituels peuvent différer.

deviendra père et portera le poids de la famille sur ses épaules. En tout cas, c'est ainsi dans la famille Hmong. C'est l'homme qui supporte la charge de la famille et qui doit subvenir à leurs besoins. Il doit à tout prix préserver le nom de ses ancêtres et leur honneur.

Quant à moi, je suis préparée à devenir une bonne belle-fille, bien éduquée, bien obéissante et sachant gérer toute une maisonnée. Comme pour beaucoup de jeunes gens, ce sont les parents qui arrangent les mariages de leurs enfants, et spécialement des filles.

Les mariages d'amour sont rares.

## 2

Mes parents me sollicitent peu. Comme je suis une fille unique au caractère un peu rebelle, ma mère, après m'avoir inculqué ses tâches principales d'éducation, me laisse vaquer à mes occupations. Un jeune homme me courtise, mais il est sans le sou et il n'ose pas venir demander ma main. Je me retrouve alors mariée à un fils de bonne famille. Le jeune homme s'appelle Tou Lis, dont la famille vit à une journée de marche de mon village.

Peu avant mon mariage, je perds soudain la voix à cause d'un mal de gorge intense et je ne peux que murmurer mon consentement.

À dix-sept ans, me voilà épouse[4] et je quitte mes parents le cœur lourd. Je sais que c'est pour toujours. On ne revient jamais chez soi, lorsqu'on part pour construire sa propre famille.

Dès que je franchis le seuil de la porte de la maison où j'ai grandi, mes larmes et mes regards en arrière n'ont aucun impact sur le cœur de ceux qui me volent mon adolescence et ma famille. Aujourd'hui,

---

[4] Voir dans la rubrique *Se marier* une petite description du rituel de demande en mariage.

je deviens une étrangère pour tout le monde : pour les miens et pour la famille que j'épouse. En effet, une fille Hmong n'épouse pas seulement l'homme qui deviendra le père de ses enfants, mais toute sa famille, incluant sa lignée, ses coutumes et ses traditions.

Je trouve cette situation injuste, mais je suis résignée, puisque toute protestation est inutile : cela ne servirait à rien de lutter et de se rebeller, cela ferait seulement du tort à mes parents et à ceux de son clan.

Je poursuis docilement le cours de ma vie, ma mère m'y a préparée assidûment, depuis toute jeune. Mais la séparation est difficile et je mets quelque temps à m'y faire. Au bout de trois jours[5], je suis résignée. Je consens à sortir de mon mutisme et à participer à ma nouvelle vie.

*

Je représente une bonne acquisition pour mon époux qui, lui aussi, a obéi à ses parents en me prenant pour épouse. Il n'a aucun sentiment pour moi et il semble m'accepter uniquement pour rendre ses parents heureux. Malgré cela, je ne suis pas bien appréciée : je ne suis pas l'épouse obéissante et soumise qu'un homme de son clan mérite.

Mon époux fait partie d'une famille de très bonne réputation dont l'arrière-grand-père vient de Chine. Mon beau-père est un homme qui possède un immense domaine familial hérité de ses parents, avec

---

5 Traditionnellement, la jeune mariée doit rester dans sa chambre pendant trois jours et trois nuits.

des chevaux, des buffles, des cochons et des poules. Tous les animaux de la ferme, ainsi que d'immenses champs font partie de ce patrimoine qui fait la fierté de son clan. Sa famille est appréciée de tous. À table, il y a toujours à manger et au bout de la table, une place vide pour un invité surprise, ainsi qu'une couchette. C'est de coutume pour la réputation de la famille.

Ma belle-mère dirige la maison à coup de semonces et de baguettes, avec un regard sur le trésor amassé à la sueur du front des femmes ménagères, cultivatrices, à la limite de l'esclavage.

Mes belles-sœurs travaillent à un rythme soutenu, du matin au soir : désherber les champs de bas en haut, de haut en bas, nourrir les animaux, faire à manger pour la famille entière, composée des beaux-frères, des belles-sœurs, des oncles, des tantes… Avec, comme récompense, de quoi remplir seulement l'estomac, ce qui est un luxe sans nom. Pas un savon, pas un bijou, pas un vêtement neuf, sauf pour la fête du Nouvel An. Alors seulement, les filles peuvent se montrer dans de jolis costumes brodés, aux couleurs vives, dans l'espoir de trouver un riche époux qu'elles pourraient servir avec la même ferveur qu'à la maison…

Mais, comme toujours, aucune plainte ne vient écorcher cette éducation qui semble naturelle et l'idée ne leur vient pas qu'une autre façon de faire puisse exister.

Je suis tout de suite plongée dans leur vie, comme on jette une éponge dans l'eau. Il faut absorber les remarques, les on-dit, le choc éducatif. Il y a beaucoup à faire et je contribue largement aux tâches ménagères et aux travaux des champs.

Un an après mon mariage, je donne naissance à mon premier enfant : c'est un garçon. Après l'abattage des arbres et le labourage des terres agricoles, je tombe gravement malade. Les joues creusées et complètement amorphe, je ne dois ma guérison qu'à un message envoyé à mes parents qui accourent avec poules et cochons pour me nourrir. Je suis heureuse de constater que les parents restent présents pour toute notre vie. Ils prennent soin de moi jusqu'à ce que je guérisse.

Puis les naissances s'enchaînent, quasiment tous les ans. Comme à chaque naissance, Tou est absent, et ne sachant ni lire, ni écrire, je ne pense pas à faire noter les dates de naissance des enfants.

*

Les champs de riz et de maïs sont proches de la maison. Ils sont par ailleurs si grands que lorsqu'on tire un coup de fusil d'un côté, on n'entend pas de l'autre. À présent, je vis le labeur de mes parents. C'est comme si l'histoire se répétait sans cesse : désherber, moissonner, ramasser les bottes de riz pour les battre, séparer les grains des branches, les piler, enlever les écorces, stocker dans des sacs... Entourée d'une ribambelle d'enfants, tous en bas âges (un accroché à mes jambes, un collé au ventre et un sur le dos), on ne me dispense pas des travaux, même les plus pénibles. Au contraire, ces nombreuses couvées desservent ma disponibilité, au regard des autres belles-filles qui ont peu d'enfants, et qui, pourtant, n'en font pas plus que moi. Avoir des enfants, c'est un gros handicap, ne pas en avoir, c'est une malédiction et cela donne le droit à l'époux d'aller prendre d'autres épouses. Mais je me défends avec beaucoup de caractère et Tou n'a jamais pu prendre une autre épouse.

Pendant les périodes où je suis enceinte, piler le riz est pour moi une des tâches les plus usantes : après avoir battu les bottes de riz à la force des bras avec l'aide d'une grosse massue, je dois ramasser les graines encore couvertes de leurs écorces pour les mettre dans le pilon. Le pilon à riz est composé d'un gros récipient en bois ; le bout arrondi est accroché à un gros tasseau avec un repose-pied. Il faut appuyer sur le repose-pied de toutes mes forces pour que le pilon, en s'écrasant sur le riz posé dans le récipient, en enlève les écorces. Après une demi-journée de ce travail, je sens que mon ventre se gonfle, comme s'il était sur le point d'éclater.

Cela dure des années, jusqu'au jour où mon beau-père fabrique un pilon qui fonctionne à l'eau. Il ne reste plus que le travail de surveillance qui se tarde dans la nuit. Grâce à ce pilon hydraulique, je peux piler un panier de dix bottes et si je me lève tôt, avant d'aller aux champs, je peux en faire un peu plus. C'est une victoire, lorsque c'est le cas, mais la nuit est courte et la journée encore plus longue, puisqu'elle ne se termine pas au retour des champs. Il faut ensuite faire à manger, nettoyer les outils pour préparer le travail de la journée suivante. Il n'y a pas de repos, seulement quelques heures de sommeil pendant la nuit.

Le matin, aux premiers chants du coq, je dois me lever pour aller chercher l'eau à la rivière. Il faut ramener cinq seaux d'eau de la rivière, des seaux tellement grands et lourds que je ne peux pas les monter remplis sur le dos. Je dois donc faire preuve d'astuce, car il faut être malin pour survivre : je remplis le seau à moitié que je mets ensuite sur le dos, puis, à l'aide d'une petite bassine, je complète le seau jusqu'à atteindre un poids que je peux transporter raisonnablement. Il faut qu'il soit bien rempli, pour éviter de revenir trop souvent. Ensuite, c'est au prix d'un effort surhumain, un genou à terre que je me redresse en poussant des cris pour libérer mon corps endolori de ce fardeau qui doit représenter bien plus que mon propre poids. L'eau sert à faire à manger, à donner aux animaux, à certains de pouvoir se laver…

Je prépare une grande casserole de riz, si lourde qu'il faut être deux pour la soulever. Lorsque le repas est prêt, il est rare que je puisse m'attabler avec tout le monde. Avec ma ribambelle d'enfants de tous âges, je dois d'abord les nourrir pour les calmer, car souvent la faim les tenaille. Lorsqu'enfin je m'installe, il n'y a plus de bouillon pour accompagner le reste de riz. Quelquefois même, je dois racler le fond du pilon à piments pour assaisonner le riz, collé à la paroi de la casserole, que j'ai la chance de récupérer.

La journée, à la fin de mes périodes de grossesse où je ne sers à rien dans les champs, je reste au village pour les corvées quotidiennes.

Je donne à manger aux animaux ; la graisse des plus vieux cochons sert pour cuire les aliments, les plus jeunes sont abattus pour leur viande. Lorsqu'on en sacrifie un, le village entier est invité. C'est de coutume, la fête se fait avec tous les voisins et amis. Si certains ne viennent pas, c'est qu'ils sont fâchés, et s'il y a peu de monde, c'est que la famille n'est pas appréciée et qu'elle ne sera pas invitée si une occasion se présentait ailleurs…

Durant ces fêtes, je peux espérer avoir un peu de reste de viande, mais j'ai rarement droit à la viande de poule. C'est trop petit et je me contente toujours et encore du bouillon. Lors de ces moments, je ressens une grande solitude et je me cache souvent pour pleurer silencieusement sur mon sort. Qu'importe les sentiments qu'une belle-fille peut exprimer : il n'est nulle place à la joie, aux rires, seulement aux larmes…

C'est difficile de se faire accepter dans une autre famille que celle de sa naissance. Je sais que j'aurais beau faire, je serai toujours considérée comme une étrangère. L'étrangère, vouée à la solitude, ne doit pas se plaindre.

\*

Au bout de mon huitième enfant, ma belle-mère fait comprendre à Tou qu'il y a trop de bouches à nourrir. Les enfants sont encore tous petits, mais, après avoir abattu les arbres, fauché et labouré les champs, mon époux et moi sommes invités à partir nous construire une maison à Long-Cheng. C'est un mal pour un bien puisque mes parents vivent dans cette ville et je revis enfin aux côtés des miens. Je peux relâcher mes nerfs, sans me sentir jugée pour ce que je fais et ce que je ne fais pas. Sans la pression de la famille de mon époux, je me sens mieux et les enfants peuvent grandir tranquillement. Les aînés commencent à m'aider et je vois enfin le but de ma vie de femme : nourrir mes enfants en travaillant sans relâche.

C'est comme ça que je me sens, comme une « mère oiseau ». Toujours en quête perpétuelle, du matin au soir, pour ramener de quoi nourrir mes petits « moineaux » : j'use toutes mes idées en mettant tous les moyens pour pourvoir à leurs besoins journaliers.

Je cultive des légumes pour les vendre sur le marché. Je récolte des lianes que je fais sécher... Mon travail me permet d'avoir de quoi échanger contre le sel, l'huile ou le riz, pour que tous puissent grandir correctement : il ne faut pas croire que chacun sait grandir seul et qu'importe l'amour des parents. Jamais il ne faut penser comme ça. Être mère, c'est tout faire, quel que soit le prix, qu'importent la faim et la fatigue…

Pour faire grandir les enfants, je les nourris de semoule pendant des années.

Mon beau-père a de l'argent pour acheter du riz qu'il laisse chez son autre fils, dont la femme est handicapée, et chez qui il vit.

Nous sommes trop nombreux. Peut-être qu'on a peur que nous demandions de l'aide. Mais, jamais je n'ai songé à mendier. C'est mon rôle de mère de trouver de quoi nourrir mes petits.

# 3

Mes beaux-parents saisissent toutes les opportunités et se mettent à la culture de l'opium qu'ils revendent aux Laotiens et aux pays voisins. Grâce à cela, ils gagnent bien leur vie.

Tou et moi tentons notre possible pour subvenir aux besoins de notre famille mais je trouve tellement injuste d'avoir aucune aide de ma belle-famille. Heureusement, mes parents m'ont montré l'exemple et je suis leurs pas. Je continue à travailler difficilement dans les champs, avec l'aide de mes filles aînées.

Lorsque la guerre commence, Vang Pao[6], un Hmong qui travaille pour les Américains, commence à enrôler les hommes pour lutter contre le Pathet-Lao. Tout cela nous dépasse, car nous sommes simplement des paysans qui essayons de survivre au quotidien. Mais mes beaux-parents aiment le prestige et incitent Tou à rejoindre l'armée américaine. Je suis totalement contre cette idée : qui va m'aider dans les travaux

---
6 Vang Pao (1929-2011) : Général Lao-Hmong, chef de guerre qui a commandé une « armée secrète » de guérilleros Hmong, soutenue par la CIA. Considéré comme traître à la patrie par le Laos communiste, il mourut exilé aux Etats-Unis, en ayant, toute sa vie, combattu pour un retour du peuple Hmong au Laos.

des champs, avec mes nombreux enfants qui ne me quittent pas une seconde ?

Afin de nous départager, ma belle-mère décide de demander l'avis aux esprits. Pour cela, elle sacrifie un poulet qui indique par ses pattes retournées, qu'il ne faut pas que son fils s'engage. Mais ma belle-mère est tenace et elle a l'habitude d'obtenir ce qu'elle veut, aussi elle sacrifie un deuxième poulet en me disant :
— C'est parce que tu ne veux pas qu'il parte !

Elle m'accuse d'avoir délibérément retourné les pattes du poulet. Alors, elle s'occupe elle-même du deuxième, le déplume, le vide et le fait cuire. Les pattes raides et droites lui indiquent que les esprits sont favorables à l'engagement de son fils.

Depuis, Tou est sans cesse parti tandis que je continue mon travail de labeur, avec mes belles-sœurs, entre champs, tâches ménagères et périodes de maternité... Lorsqu'il rentre, ce n'est jamais seul. Comme il est gradé, il est accompagné de ses soldats. C'est l'occasion de tuer un bœuf pour fêter son retour considéré comme un miracle parce que de nombreux hommes ne reviennent jamais.

Un jour, après un repas copieux offert par mes beaux-parents, on apprend que l'ennemi est en route pour dénicher les maquisards. Les hommes prennent alors la fuite.

Les Viêt-Congs, croyant que les soldats de Vang Pao ont pris le chemin des champs, les poursuivent jusque là-bas. Or il n'y a que quelques enfants et quelques femmes en train de s'affairer à la récolte.

Les enfants et moi sommes dans la maison lorsque nous entendons tirer.

Quelqu'un crie :

— Couchez-vous !

D'instinct, nous nous jetons à terre, sans réfléchir. Les balles sifflent au-dessus de nos têtes, tout autour de nous et nous pensons que c'est notre dernier instant. Puis un autre cri nous ordonne de nous enfuir. La peur au ventre, nous nous ruons vers la porte, à l'aveugle, dans l'affolement le plus total. Dehors, il y a du sang un peu partout. Nous ne savons pas qui est touché, à qui appartient ce sang et nous tremblons de peur.

Un peu plus loin, nous rencontrons un proche et nous comprenons malheureusement que c'est lui qui a été blessé.

— Mais, c'est toi, c'est ton sang !

Lui, répond :

— Oui, c'est moi, je suis touché.

Puis c'est tout. Nous continuons notre chemin en courant, sans avoir l'idée de lui venir en aide, et lui-même, hagard, prend la fuite en titubant dans une autre direction. De toute façon, nous aussi, nous serons certainement morts sous peu. Pendant que nous traversons en courant un champ abrupt pour nous échapper, nous voyons de l'autre côté les visages de l'ennemi tournés vers nous.

Les maïs sont arrivés à la hauteur des genoux. C'est la période où les plants de riz viennent d'être repiqués. Mais nous n'avons pas le temps de les éviter et les piétinons, le cœur lourd de devoir détruire le fruit de notre labeur.

Nous sommes désemparés, perdus, hagards, la tête et l'esprit embrumés par la peur et l'incompréhension de ce cauchemar. Par précaution avant de quitter la maison, j'ai réussi à m'emparer de quelques lampes et quelques flacons d'huile que je transporte dans ma ceinture en tissu.

Accompagnée de deux de mes fils et de deux de mes filles aînées, nous tâtonnons, pour ne pas nous faire repérer, puis j'allume une lampe lorsque nous sommes suffisamment éloignés et que la nuit se fait totale. Les anciens ont coutume de dire « La nuit, les yeux sont aveuglés par les cendres ». Oui, nous avons beau écarter les yeux, nous ne voyons rien, absolument rien. L'obscurité est totale.

Après avoir traversé une route, nous atteignons un plateau ; des gouttes de pluie commencent à tomber par endroit. En allumant les lampes, nous découvrons que ce sont des gouttelettes tombées des arbres : elles scintillent sur les feuilles. Le sol est rougeâtre. Rien d'étonnant, c'est la couleur de la terre d'ici. Les créatures de la nuit discutent joyeusement.

Je porte ma fille Zeu. Choua, ma fille aînée, porte mon fils Kos qui tête encore, tandis que mon fils Blia, encore tout petit, marche tout seul. Nous sommes séparés des autres enfants et je me demande avec inquiétude s'ils sont toujours vivants. Pour le moment, ma préoccupation, c'est de mettre les quatre enfants qui m'accompagnent à l'abri, en marchant prudemment et lentement, car les petits ont du mal à suivre.

Il y a des buissons partout. Il faut procéder par

étape, pour éviter les écorchures : je me tiens devant, écarte les buissons, passe en maintenant fermement le buisson écarté avec l'aide de ma fille Zeu, puis éclaire le passage pour que les petits puissent passer.

Et ainsi de suite, buisson après buisson, obstacle après obstacle.

La pluie, maintenant, se met à tomber abondamment. Les moustiques tournoient autour de nous et font déjà la fête pour pouvoir se nourrir du sang frais de mes enfants. À un moment, je ne peux plus avancer. Il y a un énorme buisson qui barre le passage. Je me mets alors à prier mes arrière-grands-parents pour demander leur aide. Je leur promets un repas en leur honneur et de brûler quelques encens pour les remercier. Par miracle, je réussis à écarter l'énorme buisson qui s'ouvre sur un champ de riz, visiblement abandonné par les propriétaires. Mais, il n'y a rien qui puisse nous abriter, alors nous continuons à marcher en ligne et atteignons un petit sentier.

Au croisement, je ne sais pas quel chemin prendre puisque tout mène à la route. Je décide de poursuivre par hasard mais mon angoisse monte au fur et à mesure que nous approchons de la grande route, là où le danger est beaucoup plus présent : l'ennemi pourrait nous attendre au bout du chemin…

Je me dis :

— On va sûrement tous mourir, mère et enfants… Mais, tant pis, s'il faut mourir ce soir, il n'y a plus qu'à essayer de mourir dignement.

Nous longeons une plaine où des rumeurs courent que c'est le lieu d'habitation d'un énorme tigre, mangeur d'hommes. Mais l'instinct de survie est plus fort que toutes ces peurs du tigre, des Viêt-Congs, et des esprits. Nous continuons jusqu'au croisement où, heureusement, il n'y a personne qui nous attend.

C'est donc avec un sursaut de courage que nous traversons encore un champ de maïs et de cannes à sucre pour atteindre enfin le village Haï Hong où c'est l'effervescence totale. Alertés par un jeune homme échappé de la fusillade, les habitants préparent avec entrain leur départ. Ils battent le riz, tuent les poulets pour se faire des provisions, et surtout, pour éviter de laisser des bêtes de viande à l'ennemi.

Chacun revêt plusieurs couches de vêtements pour éviter d'en porter sur le dos. Lorsqu'ils nous voient surgir, ils se jettent sur nous pour nous questionner :

— Est-ce que ce soir, il faut avoir des craintes ?

À peine remise et soulagée de trouver des êtres vivants, je réponds :

— Je ne sais pas. S'ils nous ont poursuivis, on peut craindre. Mais on ne les a pas vus et s'ils nous avaient poursuivis, ils seraient déjà là. Mais je ne garantis rien...

Alors, le chef du village déclare :

— Restons ici cette nuit. Demain, nous déciderons s'il faut partir.

Malgré la faim, le riz a le goût de la semoule imbibée d'eau et la viande n'a aucun goût. Mes aînés et moi nous installons donc chez le chef du village pour la nuit. Nos vêtements sont encore mouillés et nous dormons sans couvertures. La nuit est agitée à cause du froid horrible malgré la protection de la maison. Dehors, les puces piquent les pattes des chevaux et le piétinement de leurs sabots ressemble à des coups de fusils qui nous empêchent de dormir.

Nous passons toute la nuit encore dans la peur. C'est seulement le lendemain à la lumière du jour, que tous réalisent que les Viêt-Congs ne nous ont pas poursuivis. Après le petit déjeuner, les hommes du village mettent les plus petits sur leurs dos et nous raccompagnent à Phao-Khao. En chemin, les nouvelles de la fusillade ont fait le tour des villages.

— Il y a deux blessés. Deux garçons.

Je frémis :

— Est-ce que ce sont mes deux gars ?

En effet, une balle a traversé le genou de mon fils Tseu, mais l'autre garçon est le fils de ma belle-sœur et il est à l'hôpital. Après avoir entendu le récit des survivants de la fusillade, les hommes de Vang Pao partent pourchasser les Viêt-Congs qui ont déjà pris la fuite depuis longtemps.

# 4

En 1975, on apprend que la guerre est finie[7]. Partout, les gens commencent à fuir. Ceux qui ont combattu à côté des Américains doivent se cacher ou doivent partir. Notre village est devenu le village de passage par où transitent les fuyards.

Il ne reste bientôt plus que quatre familles dans le village : la famille de Blia Tchong, de Txi Tchou, de grand-père Noa et la nôtre. Et un chien qui ne cesse d'aboyer au loin comme un éloge funèbre.

Tou est revenu et a repris ses vêtements de civil, et nous vivons grâce à la culture des champs, même si le cœur n'y est plus. Les allers et venues des habitants rendent les plus âgés envieux. Les plus petits sont trop jeunes et inconscients des événements dramatiques qui frappent notre quotidien.

Mais Tou décide que nous devons rester, malgré les avertissements des amis et des proches : il ne peut pas abandonner mon beau-frère Tcha Yia qui est gravement malade. Trop affaibli par la maladie, ce dernier est incapable de bouger.

---

7 En mai 1975, les soldats américains quittent le Laos : C'est la fin de la Guerre du Vietnam. S'ensuit une période de répression contre les pro-Américains.

Pendant des jours, on tente tout, mais il ne peut toujours pas manger pour prendre des forces. Tou finit par invoquer les esprits pendant une cérémonie de « *hu plig*[8] ». Il demande pardon pour un mal dont il ignore la source et promet une offrande si le malade reprend goût à la nourriture avant que le jour ne se lève. Les esprits répondent positivement à sa prière. Pendant la nuit j'entends quelqu'un s'affairer à la cuisine. C'est l'épouse de mon beau-frère :

— Que fais-tu si tard ?

Elle me répond, en désignant son époux de la tête :
— Il dit qu'il a faim.

Le jour suivant, après plusieurs repas d'affilée, mon beau-frère se tient déjà debout avec une canne.

Même si la répression n'est pas encore arrivée jusqu'ici, Tou doit disparaître quand il sent le danger et réapparaître quand celui-ci s'éloigne. C'est le même exercice pour tous les hommes. Les femmes, les enfants et les vieillards peuvent circuler librement et vivre un semblant d'habitude.

Des fuyards, revenus de leur fuite, rapportent que des batailles font rage dans un village appelé Hin Heu. Mais, pendant deux mois, mes filles et moi continuons à cultiver les champs de maïs, comme si de rien n'était.

Les habitants qui sont restés sont des Hmong qui ont accepté la doctrine du Pathet-Lao : on les appelle les Hmong-rouges. Ou ce sont des gens comme

---

[8] *Hu plig*, se prononce *Hou pli* : « Rappeler l'âme » - cérémonie de l'apaisement de l'âme... Voir rubrique *Se soigner*.

nous, qui n'ont pas le choix et qui ne sont pas encore inquiétés par le nouveau gouvernement. Un jour pourtant, la cousine de Tou, Tante Gua-Ning, qui est aussi chamane, entend dire que « celui qui porte la coiffe rouge est l'ennemi du peuple » et « où qu'il aille, il sera bientôt appréhendé pour être fusillé ».

Il n'y a pas de doute, c'est de Tou qu'il s'agit. Il est le seul dans le village à revêtir une coiffe rouge lorsqu'il pratique ses incantations de chaman.

Aussitôt, Tou et mon fils Pheng, partent pour Na-Sou en nous demandant d'attendre leurs instructions qui ne tardent pas : nous aussi, nous devons partir. C'est un choc immense. La séparation est difficilement acceptable et chacun veut garder un souvenir de l'autre. C'est en partageant les photographies que mon fils aîné Guia, en colère, donne à sa femme un coup de machette dont elle garde encore la cicatrice sur le front. Pour finir, toutes les photos sont brûlées pour qu'on ne puisse pas reconnaître les hommes.

Pour éviter de se faire prendre, nous décidons de partager les enfants : les deux filles aînées partent avec leur grande tante et les plus jeunes partent en voiture. Mais les barrières sont renforcées sur les routes et autour des aéroports. On commence à arrêter les gens et à les mettre en prison. L'espoir de pouvoir quitter le pays s'amenuise tout doucement : il est impossible de passer.

Pendant quelque temps nous allons et venons entre plusieurs villages, dans l'espoir de pouvoir cultiver l'opium et de pouvoir se payer des vêtements. Mais les Viêt-Congs dictent leurs lois et ne voyant pas d'issue, nous retournons à Na-Sou, peu de temps après.

Sur le chemin du retour, nous rencontrons des Vietnamiens : certains sont sur des brancards.

— On dirait que vous avez reçu des coups de couteaux, remarque quelqu'un.

— On vivait tranquillement et les maquisards sont descendus de la montagne et nous ont martelés avec leurs couteaux.

Certains sont effrayants à voir : ils ont les visages et les jambes mutilés. Tour à tour nous les dépassons ou nous faisons dépasser… Ma fille Nadia, curieuse, les suit de près. Lorsque le sol est trop instable, ils s'arrêtent, les blessés sont transportés par les valides pour passer les endroits difficiles.

\*

À Na-Sou où nous restons un mois, nous découvrons d'immenses champs abandonnés et nous n'avons plus qu'à récolter le riz pour préparer de bons repas. Nous mangeons à notre faim, et nous pouvons rester longtemps, puisqu'il y a suffisamment de légumes et de riz. Mais les officiels ont mis en place deux campagnes de demande de visas pour quitter le pays et, après un mois, ils nous invitent à nous rendre dans un village pour faire notre demande de visa :

— Demain matin, vous irez à Pa-Ning à 7h00 pour demander votre visa.

Nous répondons oui, mais nous savons très bien que cela sent le piège et cette nuit-là, nous quittons le village pour rejoindre les cousins qui vivent à

Pu-Nieu, où nous restons également un mois. Sans argent et les vêtements en lambeaux, nous travaillons pour quelques habitants du village afin de pouvoir obtenir quelques sacs de riz. Mais nous vivons toujours dans la peur et la vie sédentaire est dangereuse pour toute la famille.

Les hommes finissent par prendre une décision radicale : nous devons tout quitter et tenter de rejoindre la Thaïlande.

Le 22 novembre 1975, nous quittons enfin ce village. Il est environ 23h00 lorsque nous nous dirigeons vers la forêt. Pendant toute la nuit, nous demeurons cachés dans la montagne jusqu'au chant du coq. Puis nous descendons lentement vers la vallée.

Toute la journée nous marchons en colonne, les uns derrière les autres et finissons par atteindre la vallée vers 17h00. Comme la nuit tombe, nous décidons de faire une pause. Là où nous sommes installés, nous sommes entourés de trois collines et un petit ruisseau qui coule vers le contrebas. Nous posons nos bagages là où nous pouvons, essoufflés par notre marche. Nous ne regardons pas autour de nous pour voir si quelqu'un manque.

Un neveu vient de partir pour se soulager et personne ne l'a vu s'éloigner. Gnay-Vang et sa famille viennent juste d'arriver et nous disent :

— On a vu quelqu'un un peu plus haut, qui est allé se soulager, on ne sait pas trop. Pourvu que ce ne soit pas les Viêt-Congs qui nous ont suivis.

— Il ne faut pas trop s'inquiéter, nous allons nous poser et préparer le repas du soir.

À peine la personne a-t-elle fini de dire cette phrase que quelqu'un surgit des bambous.

Deux filles qui n'ont pas d'enfants et qui se tiennent toujours éloignées de nous, de peur que nos enfants ne les fassent remarquer, se mettent aussitôt à hurler :

— C'est les Viêt ! Ils ont une mitraillette !

C'est alors que tous prennent la fuite. Épuisée par le voyage, je demande l'avis de Tou :

— Est-ce qu'on doit aussi fuir ?

— Non, on ne s'enfuit pas, répond-il calmement. On a des enfants, on ne peut pas fuir comme ça. Tant pis si on meurt ici.

Mon fils Blia, qui était en train de couper des pousses de bambou pour les faire cuire, détale aussi rapidement qu'un lièvre, ne laissant qu'une tong prise dans la vase du ruisseau.

Mais les filles n'ont pas bien regardé : c'est en revenant de faire ses besoins que le neveu écarte à la main les bambous qui barrent son passage, ce qui ressemble à un homme tenant une mitraillette.

La fatigue et la peur rendent tout le monde nerveux et nous imaginons que nous sommes entourés d'ennemis prêts à surgir à tout moment.

Durant la nuit, et toute la journée suivante, les adultes essaient de rassembler tout le monde. Malheureusement, mon fils Blia manque à l'appel. Et lorsque tout le monde lève le camp, c'est le cœur lourd que nous décidons de continuer notre route, ne pouvant nous résoudre ni à rester l'attendre, ni à faire demi-tour pour vérifier s'il ne serait pas retourné à la civilisation[9]. Nous craignons trop que les hommes soient capturés et fusillés.

*

Depuis notre départ du village, je suis fiévreuse et des frissons me parcourent le corps. Dans cette forêt humide, la peur est plus forte que la souffrance et je me traîne, le dos endolori, prête à succomber. La disparition de Blia est un coup dur et je finis par ne plus pouvoir marcher.

Mes deux fils aînés, Guia et Pheng, me portent tour à tour. Lorsque l'un porte mes bagages, l'autre me transporte. Mais mon fils Guia est petit, mes pieds traînent lamentablement au sol, et mon corps tangue ce qui me fait vomir sans cesse.

Malgré ma maigreur, je suis un poids difficile à transporter et mes fils se relaient sans cesse pour pouvoir tenir le coup.

Au bout de quelques heures de marche, je commence à me plaindre en disant à Tou :

— *Kov txiv*[10], je vomis trop, il vaut mieux me laisser ici. Si je vis, j'irais rejoindre les Viêt-Congs, si je meurs, tant pis.

---

9 Retourner à la civilisation : cela signifie accepter de vivre sous le régime communiste.

10 L'épouse appelle son mari *kov txiv,* se prononce *koa tsi*, signifie « mon mari », l'époux appelle sa femme *kov niam*, se prononce *koa nia*, signifie « ma femme ». Ce sont des expressions très utilisées dans un couple, signe d'un respect mutuel et d'une tendresse empreinte de pudeur.

Et Tou de répondre :

— Ah, si on fait ça, on va tous mourir ! Les garçons vont continuer à te porter !

Les garçons obéissent courageusement, d'autant que tout le monde est dans la même situation. Nous formons une file indienne, comme des fourmis transportant leurs biens les plus précieux. La peur au ventre, les plus vigoureux portent les plus faibles ou les malades.

Gnay-Vang porte sa mère, Gua-Ning porte son fils aveugle qui est déjà un grand adolescent, et mes fils me portent…

Xang, le bébé de Guia, est en âge de parler, ce qui n'est pas au goût de tout le monde. Lorsqu'on arrive à des endroits un peu à découvert, où tous sont morts de peur et chuchotent en tremblant, il commence à parler, alors personne ne les supporte. Tous craignent qu'on ne se fasse repérer.

— Allez devant, ou restez derrière, disent-ils tous.

Après le village Na-Nio, ils marchent derrière nous, si loin en arrière qu'on est surpris de ne pas les voir arriver. Inquiète, je dis à Tou :

— Nous avons déjà perdu un garçon, si nous perdons aussi Guia et sa famille, à quoi bon continuer ?

Tou et moi décidons de faire halte avec nos enfants, pour les attendre. Après un long moment, nous sommes soulagés de les voir enfin arriver. Mais, après quelques heures, les autres leur demandent de partir devant. Ne pouvant faire autrement, ils partent en direction du Mékong, tandis que nous attendons qu'ils prennent un peu d'avance pour lever le camp.

Pour éviter de nous faire repérer, nous marchons de nuit, au clair de lune. Mon fils Pheng, pour soulager son dos, me met sur une couverture qu'il traîne, en même temps que je me cramponne à ses épaules. Soudain, il bute sur une branche et me lâche. Je me mets à rouler sur la pente en direction du ravin et c'est au prix d'un effort surhumain qu'il réussit à me sortir de là et à me remettre sur son dos. Parfois, lorsqu'il ne peut plus, je pose ma tête sur son épaule pour faire corps avec lui et marcher, afin de l'alléger.

Enfin, nous arrivons à la rivière. Nous distinguons deux formes humaines se diriger vers nous, d'un pas rapide et soudain, nous lâchons nos bagages et nous nous mettons à courir dans tous les sens, pensant que ce sont des Viêt-Congs.

Heureusement, encore une fois, ce n'est qu'une fausse alerte. Ce sont Guia, sa femme et leur fils. Nous sommes heureux de les retrouver en vie. Ils racontent qu'ils ont été hébergés par des Laotiens et qu'ils ont trouvé le moyen pour traverser la rivière. Il faut contacter les Thaïlandais qui se trouvent de l'autre côté du Mékong. Mais pendant des jours, les tentatives de contact sont vaines : personne n'arrive à les joindre.

Nous nous installons non loin de la rive, pour ne pas manquer les signaux qui viendraient de l'autre côté. Mais les Viêt-Congs continuent de nous rechercher.

Nous suivons alors la rivière et descendons deux collines, puis nous installons à un endroit assez éloigné pour qu'ils ne nous trouvent pas. Tout le monde a très peur et il n'y a rien à manger. Alors les garçons partent cueillir les papayes des Laotiens pour nourrir ceux qui sont encore capables de manger. Les plus faibles, comme moi, ne peuvent plus rien avaler. Nous ne pouvons que lécher quelques restes de piment pour avoir un peu de goût, et avalons quelques grains de riz avec un peu d'eau. C'est tout.

Ma fièvre ne tombe toujours pas, jusqu'au jour où les enfants de Tante Gua-Ning, en creusant la terre à la recherche de racines, découvrent des pommes de terre sauvages et me les offrent. Cette nuit-là, tout le monde tombe malade en buvant la soupe faite avec cette racine, sauf moi. Au contraire, la maladie me quitte soudain. Soulagée de la fièvre, je peux enfin dormir toute la nuit.

Pendant quatre jours, nous errons de place en place, sans trouver de solution pour traverser le Mékong. Nous ne devons notre survie que grâce à un autre fuyard et sa famille qui, arrivés longtemps avant nous, réussissent à construire un radeau en bambou et à joindre l'autre rive. Pendant ce temps, mes fils continuent à voler de la nourriture aux fermiers des alentours.

Enfin, une nuit, les Thaïlandais sont avertis de notre présence et finissent par venir nous récupérer en janvier 1976. Après avoir distribué un bol de riz d'abord aux enfants et aux plus faibles, ils nous rapatrient à Pa-Son, puis à Vinay.

Ce sont des camps de réfugiés où les exilés comme nous sont entassés dans des petites maisons en pailles.

Tou est enrôlé par des Hmong du clan Vang, arrivés bien avant nous et qui travaillent pour les Thaïlandais. Toute la journée il part avec eux et gagne à peine 20 bahts[11], ce qui permet néanmoins d'acheter quelques légumes et quelques cigarettes pour lui.

Nous n'avons qu'un peu de riz accompagné d'un bouillon sans goût pour unique repas, et nous ne mangeons pas à notre faim. Dans la forêt, nous arrivions à capturer quelques animaux, mais en Thaïlande, il faut de l'argent pour tout.

Pour avoir un peu de viande, mes fils tendent des pièges pour attraper des mulots ou des souris. Grâce à ces petites bêtes, nous reprenons des forces. Mais nous restons pauvres et vivons cloitrés chez nous.

Lorsque les gens demandent lors des fêtes :

— Vous n'avez pas de jeunes filles pour aller *pov pob*[12] ?

Je réponds honteusement avec un grand sourire pour masquer ma honte et sauver la face :

— Nous en avons, mais elles n'aiment pas ça.

Les gens ne répondent pas, mais ils se doutent bien que c'est faux : tous les jeunes adorent la fête du Nouvel An pour rencontrer d'autres jeunes de leurs âges.

Mais comment autoriser mes filles à sortir, alors qu'elles n'ont rien à mettre ?

---

11 Baht : monnaie des Thaïlandais. 1 BHT = 0,03 €.

12 *Pov pob*, se prononce *poa poa* : jeu du " lancer de balles ", jeu de séduction qui consiste à se lancer une petite balle faite en tissu entre jeune fille et jeune homme. Celle ou celui qui n'attrape pas la balle d'une main, doit chanter une chanson traditionnelle, appelée *kwv txhiaj*, se prononce *ku tsia*.

Heureusement, à force de travailler, notre situation s'améliore, sans pour autant être définitivement meilleure.

Nous vivons au jour le jour, sans espérer un lendemain meilleur. Un matin, mon fils Guia entend dire que des Hmong sont envoyés vers d'autres pays. Une famille a obtenu des visas pour la France. Mais elle ne veut pas y aller, elle préfère aller en Amérique.

Afin d'avoir une chance pour une vie meilleure, Tou décide de demander si nous pouvons prendre la place de cette famille. Sa requête est acceptée.

Au mois de mai 1977, après être arrivés dans le camp le 1er janvier 1976, nous quittons enfin la Thaïlande pour la France. Le cœur lourd, nous nous résignons à quitter nos amis, nos frères et nos sœurs.

*

Ici, à Castres, nous voyons enfin le soleil.

Nous pouvons manger à notre faim et profiter du repos, sans avoir à partir travailler dans les champs.

Tou ne veut pas que ses enfants soient séparés, c'est pour ça que nous sommes partis, en laissant ses frères et sœurs[13] en Thaïlande.

Mais nous sommes seuls, loin des autres Hmong. Nous sommes séparés des autres familles et nous ne pouvons même pas nous inviter à manger.

Nous vivons dans la solitude.

---

13 Les frères et sœurs sont de la famille Lis, symbolisent la Communauté Hmong, la vie passée.

# Épilogue

Ainsi se termine le récit de ma mère. Entre le repas et quelques travaux de broderies, elle aura mis trente minutes pour raconter 42 ans de vie, de sa naissance en 1935 à notre arrivée en France en 1977.

Pas un mot sur ses sentiments et ses difficultés d'intégration. Pas un mot sur sa solitude et ses moments de doute sur notre devenir, ainsi que sur ses sentiments profonds.

Le plus important, conclue-t-elle, est que nous restions ensemble et que nous continuions à nous aimer.

# Maiv
# Comme un souvenir

# Chronologie

*Mai 1975* :   Fin de la Guerre du Vietnam au Laos

*Oct. 1975* :   Départ du village Na-Sou pour Pu-Nieu

*Nov. 1975* :   Départ de Pu-Nieu
Arrivée devant le Mékong après 8 jours
Campement sur la rive pendant 4 jours

*Janv. 1976* :   Camp de réfugiés Pa-Son

*Juil. 1976* :   Transfert au Camp Ban Vinay

*Mars 1977* :   Départ pour la France

*Avr. 1977* :    Barre de Cévennes, puis Florac

*Eté 1977* :   Castres

*1984* :   Draveil

## Le récit de May

1970. On dit que je suis née par une nuit pluvieuse derrière la maison. Mon père est absent, comme la plupart du temps. Ma mère m'a mis au monde, seule, avec l'aide d'une parente. Au même moment, il y a eu un décès dans la famille. Était-ce un message ? Que toute ma vie devait être un combat ?

On me l'a dit, comme un avertissement... Mais je préfère romancer cette partie de ma vie. Je préfère dire que je suis née avec mon premier souvenir. Vous savez, le souvenir d'une enfance innocente et heureuse.

Le destin a son propre chemin et façonne notre vie pour nous convaincre de surmonter l'adversité et de faire de nous ce que nous sommes.

Cependant, personne ne m'a fait comprendre que j'avais le choix. Si je l'avais su, j'aurais vécu, au lieu de survivre : chaque jour est, pour moi, comme une leçon de vie sans fin.

J'en retiens une principale : l'important n'est pas le but à atteindre, mais le voyage.

# 1

Dans la montagne, au milieu de la forêt, une plaine entourée de collines. La sécheresse s'est installée depuis plusieurs jours. L'air est irrespirable et le soleil est implacable. Nous jouons au bord de la rivière, dans l'insouciance la plus totale. Des rires, au bord d'un ruisseau.

Nous courrons dans la terre poussiéreuse, quand soudain, le tonnerre gronde et de grosses gouttelettes rebondissent sur le sol. D'abord, les premières gouttes soulèvent la poussière et on a l'impression de voir un nuage stagner à quelques centimètres du sol, puis, ce sont des trombes d'eau qui se déversent furieusement sur nous. Ne perdant rien de cette pluie miraculeuse, nous saisissons nos bocaux pour boucher les trous où les insectes se sont cachés dans le sol, pour se protéger de la chaleur ; il y en a aussi dans les troncs d'arbre. Pour éviter de se noyer, ils sortent en masse et se trouvent prisonniers dans les bocaux que nous n'avons plus qu'à reboucher.

C'est comme cela que nous récoltons quelques protéines offertes par la nature.

Ce souvenir, si précis, est-il réellement un souvenir ? Ou n'est-ce qu'une image issue de mon imagination ? Ou encore un souvenir rapporté d'autres récits entendus par la suite ? Lorsqu'on n'a pas de souvenirs, c'est comme si on n'a jamais existé. Aussi, il me plaît de m'accrocher à quelques événements qui, malgré leur faible importance, ont une valeur inestimable à mes yeux.

\*

Un matin, ma mère me dit :
— Tu viens avec nous aux champs ?
Je suis étonnée qu'elle me propose de l'accompagner avec mes sœurs et mes tantes. Elle garde cette distance qui fait que je ne peux accéder à elle que par des acquiescements. Il n'y a pas d'autres relations possibles : elle est sans cesse partie. D'ailleurs, j'ignore tout de l'amour maternel dont je souffrirai plus tard l'absence, ni la haine des gens. Je suis totalement innocente de ces sentiments qui amènent la peur.

Nous partons donc à la découverte, pour moi, de nouvelles contrées lointaines. Elles sont situées à une journée de marche dans les montagnes. Nous parcourons des chemins de terre, battus par les pieds nus de travailleurs de l'aube qui sont passés par là des milliers de fois. J'ignore tout de leur difficulté quotidienne à arpenter ces routes et ces hautes herbes et regarde avec émerveillement ces paysages verdoyants que je vois pour la première fois.

Lorsque nous arrivons à destination, il n'est nul besoin de me le dire : devant moi s'étalent des collines de champs de pavots aux fleurs rouges sangs, et aux tiges grasses.

Et au-dessus, comme une énorme voûte, un ciel bleu où sont accrochés quelques cumulus. Les collines, à perte de vue, sont séparées du ciel par les fleurs de pavots qui semblent le soutenir fièrement, avec une force incroyable. Au milieu de tout cela, au flanc d'une colline, en haut, à droite, une petite demeure se détache de ce paysage extraordinaire.

— Nous allons dormir là, dit ma mère en désignant la petite maison sur la colline.

Je la regarde de mes yeux étonnés qui disent :

— Ah bon ?

C'est la première fois que je dors loin de la maison, je crois. Nous installons les quelques affaires ramenées du village. Le repas est fait et consommé sans tarder. Rapidement, nous nous mettons au lit sur des paillasses improvisées. Lorsque je regarde dehors, la nuit est totale. Le ciel aux milliers d'étoiles laisse en moi une émotion que je ne ne peux définir. J'ai la conviction de vivre en ce moment un instant unique que je décide de garder en souvenir, comme une belle peinture.

Le lendemain matin, à peine levée, ma mère me dit :

— Va me chercher le bol, dehors, derrière la fenêtre.

J'obéis en me frottant les yeux et me dirige vers l'unique fenêtre de la maison. Déjà, chacun vaque à ses préparations afin de vivre sa journée au mieux. Je me souviendrai toute ma vie de ce moment où je découvre le bol dans lequel une eau froide et glacée s'est figée durant la nuit. Je n'ai jamais su qu'une telle chose pouvait se produire. Ma mère, devant mon émerveillement, m'explique que la nuit, dans ces montagnes, il fait plus froid. Pourtant, je n'ai pas ressenti cette fraîcheur durant la nuit : mon sommeil d'enfant est bien plus fort.

Pendant toute la journée, je plonge, avec les travailleuses, dans les champs de pavots et je me sens enivrée de leur parfum, une amertume mêlée de rosée et de la fraîcheur de ces monts colorés. Le travail consiste à faire trois entailles sur la coque pour libérer un suc amer qu'on laisse sécher avant de le recueillir à l'aide d'une petite lame. C'est cette substance qu'on appelle « opium » et qui sert à soigner beaucoup de maux chez les Hmong. J'apprendrai plus tard que de nombreux agriculteurs délaissent les champs de riz ou de maïs pour les champs d'opium qui sont plus rentables. La récolte est vendue aux Laotiens et aux Chinois et enrichissent les opportuns.

Et pourtant, jamais mes tantes ne verront la couleur de l'argent de l'opium. Ma grand-mère veille à conserver les lingots d'or et d'argent loin du regard de tous. Une seule fois par an mes tantes ont droit à un nouveau vêtement pour la fête du Nouvel An, et puis c'est tout. Durant l'année, elles revêtent les mêmes habits qu'elles n'enlèvent même pas pour dormir. Maintenues loin de la connaissance pour peut-être les avoir plus soumises, les filles ignorent la coquetterie et l'utilisation des produits de soin et de beauté, ne serait-ce que le savon.

Elles travaillent du matin au soir, avec ma mère et mes grandes sœurs, sans jamais se plaindre.

Les enfants, quant à eux, sont livrés à eux-mêmes et vivent librement, sans contrainte. Ma petite enfance est donc tranquille et paisible dans les campagnes verdoyantes des montagnes. Il y a d'immenses vergers de clémentines aux fleurs parfumées, des promenades le long des enclos des chevaux de mon grand-père.

Nous sommes libres d'aller où nous voulons et les adultes nous racontent des histoires de grottes où vivent des monstres, de forêts où rôdent des tigres dévoreurs d'enfants, de gouffres où depuis des temps immémoriaux, des dragons vivent tranquillement en attendant qu'un enfant ne s'aventure dans leurs terriers pour les dévorer tout cru… Les rivières sont peuplées de monstres marins qui avalent les enfants pour que les adultes n'ont plus que leurs yeux pour pleurer. Ces histoires nous tiennent loin de ces lieux dangereux et personne ne songe à s'éloigner du village.

Pour illustrer le danger qui peut se trouver n'importe où, on nous raconte l'histoire de ma tante. Un jour, ils sont tous aux champs et ma tante a besoin de se soulager. Pour éviter de se faire voir, elle s'éloigne du regard des autres. Elle commence à s'installer lorsque soudain le sol glisse sous son poids et elle se retrouve tout au fond d'un ravin sans lumière. Le ravin est couvert de végétations et de lianes, ce qui fait qu'elle ne l'a pas vu. Mon oncle, au prix d'un terrible effort, réussit à la rejoindre et à la remonter à la surface sur son dos. Depuis, ma tante est tétraplégique. C'est une période difficile pour mon oncle et pour toute la famille. Quand un malheur frappe un membre d'une famille, tout le monde est affecté, tellement l'équilibre tient en chaque membre qui compose la maisonnée.

*

Un jour, ma mère quitte la maison soudainement. Je m'étonne de ce départ brusque. Les adultes veulent toujours protéger les enfants en leur cachant la vérité, mais ne pas savoir, c'est pire… Elle reste absente plusieurs jours, puis revient, le visage défait, les yeux et les joues creusés. Je ne la questionne pas, puisque les enfants ne doivent pas poser de questions : un enfant doit se contenter d'être un enfant. Il faut qu'il vive dans l'ignorance de l'enfance, la période la plus belle de toute une vie.

Puis quelques temps après, on entend un hélicoptère s'approcher. Je n'en ai jamais vu, mais lorsque je veux voir de plus près cet engin qui soulève autant de poussière, on me fait baisser la tête et on m'ordonne de ne pas bouger. J'aperçois ma mère qui sort de la maison et, malgré le bruit des hélices qui brassent furieusement l'air en soulevant la poussière, j'entends son cri de douleur. Une mère sait, même sans un seul mot, que c'est le corps de son fils qu'on lui ramène.

Mon frère Tseu est mort à l'hôpital de la grande ville, là où ma mère a passé quelques jours et quelques nuits blanches à prier les esprits pour sa guérison. C'est le troisième enfant de la famille. Il est l'un des plus beaux et j'apprendrai plus tard que c'est la péritonite aigüe qui l'a tué. Mais il se dit qu'il s'agit d'un mauvais sort. Quelqu'un de mal attentionné lui a jeté ce sort « *tso pob zeb*[14] » qui lui aurait été fatal. C'est mon premier mort dans la famille, et bien que je ne comprenne pas grand-chose, ne sachant pas ce que c'est que la mort, le corps froid et sans vie de mon frère est interdit à ma vue. Il paraît que l'âme des enfants est sensible et plus facilement « capturable » par les mauvais esprits. Ces derniers sont à l'affût du moindre faux-pas des vivants pour les rendre malades. De cette manière, ils ont droit à des offrandes et c'est leur façon de continuer à exister.

Les enfants sont tenus à l'écart des cérémonies mortuaires. On leur demande de rester tranquille, de ne pas courir ni faire de bruit. S'ils trébuchent, les mauvais esprits attrapent leurs âmes et les adultes sont bons pour faire une cérémonie « *hu plig*[15] » afin de les ramener dans leurs corps. J'ai entendu dire qu'un enfant avait trébuché pendant des funérailles et qu'il avait été malade pendant très longtemps...

J'écoute donc sagement mes frères qui arrivent à stopper une course que je voulais faire avec un camarade.

Y-a-t-il seulement des mots pour expliquer l'inexplicable ? Chaque mort reste une épreuve dont personne ne sort indemne…

Mon grand-père, anéanti par le chagrin, lui donne

---

14 *Tso pob zeb*. se prononce *tcho po jé* : signifie « Jeter un sort », semer le mal par petite dose. Il s'agit d'un sort que certaines personnes lancent pour se venger, par jalousie ou méchanceté.

15 *Hu plig*, se prononce *ou pli,* signifie « rappeler l'âme ».

deux gifles qui surprennent tout le monde, dans l'espoir sans doute qu'il se réveille. Mais la mort l'a bien arraché à sa famille.

Quelques jours plus tard, mes grandes sœurs, en parcourant les champs, se souviennent avec nostalgie de sa joie de vivre, de ses rires et de ses chants qui donnaient à tous un quotidien moins difficile.

## 2

Mon arrière-grand-père vient de Chine, avec ses frères. Il s'appelait Blia Txia. Poussées à l'exil par des conflits territoriaux avec les populations sédentarisées de leurs montagnes, de nombreuses familles Hmong quittent leurs terres pour s'installer dans le Sud-Est Asiatique. Mes ancêtres du XIXè Siècle s'établissent dans les montagnes du Laos afin de cultiver les terres des hauteurs où ils se forgent une réputation qui sert encore aujourd'hui leurs descendants.

Dans notre village, mon grand-père Say Txong est un propriétaire terrien réputé et plutôt riche. C'est le patriarche d'une belle fratrie. Il est de coutume d'avoir tous les enfants que la nature pourrait donner. Mon grand-père a eu deux femmes : après la mort de la première, il en a épousé une deuxième et au total, il a eu quatre garçons et quatre filles. Chaque village est généralement habité par un clan principal, car l'entraide familiale fait partie de la vie de tous les jours.

La famille possède des animaux, des cochons, des poules, des chiens et des chevaux. Rien ne se perd et je me souviens qu'un jour, un des chevaux est mort et qu'il a fini comme repas. Mais, pour moi, il m'a été impossible d'en manger. À cette époque, nous ne souffrons pas encore de la faim, même si nous sommes en temps de guerre, nous vivons en paix dans nos campagnes et ne subissons pas les conséquences des événements qui secouent le Sud-Est Asiatique.

On parle bien de conflits qui impliquent certaines personnalités Hmong, puis de guerre civile, mais les montagnards continuent à lutter contre son ennemi ancestral : la faim. C'est la lutte pour la survie et la plupart des gens ne s'intéressent pas à la politique, ni à ce qui se trame autour d'eux.

Pourtant, l'Histoire finit par les prendre dans son tourbillon. Après la Guerre d'Indochine qui met fin à la colonisation Française, s'ensuit la Guerre du Vietnam. L'armée Américaine installe sa base secrète au Laos pour pouvoir déployer ses avions sur le Vietnam.

Mon père et mes grands frères travaillent pour l'armée américaine. Tous les hommes sont enrôlés pour servir ce pays qu'on appelle « *Amelika*[16] ». Sans même savoir où se trouve ce pays, il y a une certaine fierté d'être soldat, de servir une cause pour laquelle les chefs disent qu'il est bien de servir. Quelques photos sont prises des paysans, en costumes militaires, avec bérets et fusils, les sourires aux lèvres.

Au début, c'est un peu l'euphorie du rêve Américain qui gagne la campagne, et qui promet aux pauvres qu'ils auront leurs places dans un monde meilleur. Puis les choses commencent à changer, petit à petit. Des gens meurent, d'autres disparaissent. On

---

16 La lettre «r» n'existe pas en Hmong, elle est remplacée par la lettre «l».

murmure le mot « guerre ». Les femmes ont peur lorsque les hommes partent.

Pendant des années, les combats s'intensifient.

Les familles sont divisées : il y a les « rouges » qui veulent libérer le pays de l'ennemi envahisseur et il y a les « traîtres » qui ont rejoint l'ennemi. Quel que soit le parti pris, il y a une sorte d'incompréhension pour ceux qui ne veulent que vivre en paix. Comme dans tous conflits, la propagande amène la peur et la mort. La guérilla fait rage. Les hommes sont tous partis.

Les femmes et les enfants tentent de survivre dans un pays chaotique et font partie des victimes collatérales. C'est ainsi que ma tante Ma perd son jeune garçon, tué sous ses yeux par les Viêt-Congs, lors d'un raid. Mon oncle, qui a rejoint le groupe de combattants luttant contre l'ennemi envahisseur, le découvre, abandonné, dans la maison, étalé sur une paillasse, recouvert d'un drap.

Il creuse lui-même la tombe de son enfant et l'enterre dans cet abominable trou qu'il recouvre de terre, dans la souffrance la plus insoutenable. Pendant des années, il refuse de quitter le pays pour ne pas laisser son fils seul au milieu des plaines qui bientôt seront parsemées de bombes anti-personnelles. Pourquoi, s'est-il souvent posé la question ?

— On nous a dit qu'il fallait prendre les armes, pour défendre notre pays, en attendant le retour des Chefs.

Mais les Chefs sont partis pour l'Amérique depuis longtemps et il ne le sait pas encore, mais jamais ils ne reviendront sauver les petits soldats comme lui.

Après plusieurs années à attendre, mon oncle finit par abandonner les armes et rejoindre les fuyards en route vers la Thaïlande.

*

Les Viêt-Congs menacent de capturer tous les combattants pro-occidentaux. Des familles entières font leurs bagages et partent en cars, affrétés par le gouvernement américain qui achemine leurs compatriotes et leurs alliés. Nous sommes au mois de mai 1975. L'Amérique a capitulé et ramène ses troupes au pays, abandonnant leurs alliés Hmong à leur sort. Ceux qui suivent sont les bureaucrates et les plus avisés. Mon père décide d'abord de rester au village, avec toute la famille. Ni mon grand-père, ni mon oncle ne songent également à partir. Comment tout abandonner ?

Mon oncle Dchoua Nou dit :

— Même s'il ne reste que des fourmis, je resterai ici avec elles.

Devant l'hésitation de tous, mes parents décident de rester, d'autant plus que mon oncle Blia Xiong ne peut pas partir, avec sa femme tétraplégique.

Mes sœurs continuent à aller aux champs et regardent avec envie ceux qui partent pour une vie meilleure : des colonnes composées de familles et de clans entiers transitent par le village.

Une tension et une peur de la répression commencent à s'installer dans toute la campagne. Les villages se vident, les champs sont déserts. En comprenant que le danger se rapproche de nous, mon père décide que nous devons fuir également. Sa décision sonne comme une sentence de mort.

Mon cœur bat la chamade. Soudain, mon petit monde s'écroule et pour la première fois de ma vie, je prends peur. Les adultes semblent si graves soudain : leurs voix se cassent, leurs gestes sont rapides et ils stressent à rassembler des vêtements et bibelots dans des sacs de fortune.

À partir de cet instant, nous devenons des fuyards et nous cachons de village en village. Afin de pouvoir acheter à manger, mes parents occupent des travaux ponctuels : dans une fabrique de papier, où faire sécher du tabac dehors, avant de le ramasser, puis assembler et découper pour le conditionner. Nous finissons par rejoindre la famille de mon père à Pu-Nieu en octobre 1975. Puis, lors d'une cérémonie, ma tante entend dire que mon père est visé par une embuscade. Cette fois, nous partons pour de bon. Pendant la nuit, on nous réveille. Nous nous dirigeons vers la forêt pour une marche qui se révèle interminable.

Je découvre la faim, le froid et la peur qui, jamais, ne me quitteront. À chaque bruit, je sursaute, mais je suis courageusement la colonne d'hommes, de femmes et d'enfants sur ce chemin qui s'enfonce de plus en plus dans la forêt. L'épaisseur des feuilles et la densité des plantes masquent la lumière du jour. Seuls quelques rayons qui arrivent à percer par miracle, laissent comprendre qu'il fait jour. Mes yeux sont rivés sur le dos de la personne que je suis pour ne pas la perdre, tandis que ceux des adultes sont à l'affût de la moindre lueur, et c'est dans ce monde gris que nous avançons.

Au détour d'un sentier, le soleil parvient à percer les épaisses feuilles pour dessiner sur le sol un halo de lumière réconfortante, comme l'espoir de voir le bout de cette forêt. Ma mère s'installe dans le rayon un instant pour prendre un peu de chaleur, elle qui traîne son corps malade depuis le départ. Des traces de pas, semblables à ceux d'un tigre, laissent penser que ce dernier est passé par là, et pourrait peut-être revenir, mais qu'importe ! Ce n'est pas d'un animal que nous avons peur, mais bien de nos semblables à nos trousses. Enfants, vieux, malades et invalides, tous se traînent la peur au ventre.

C'est dans le désespoir que l'homme retrouve l'instinct primaire de survie. Je pense que c'est ce qui guide les adultes. Malgré les divergences, il y a une sorte de solidarité qui nous oblige à rester ensemble et à marcher dans le silence. Même les délires causés par la fièvre se sont tus au détriment de souffrances atroces qui se rajoutent à la douleur des corps endoloris, malmenés pendant des jours.

La nuit apporte aussi ses doutes. Lorsque nous faisons halte le soir pour dormir, mes rêves me ramènent à notre longue marche, comme un film cauchemardesque que quelqu'un de mal intentionné passe et repasse, sans fin possible. Toujours cette peur qui tenaille… Comment fermer les yeux lorsque l'ennemi peut surgir à tout moment ?

Les hommes portent en eux le poids de notre survie. Toujours sur le qui-vive, ils se relaient devant et derrière pour couvrir notre marche.

Un jour, nous arrivons devant un torrent de fleuve orange. Les flots se jettent d'une violence impitoyable sur les rochers et par endroit, leurs écumes rougeâtres viennent colorer la rive d'une teinte rouge-sang. Pour traverser, un pont de singe à l'aspect fragile est tendu vers l'autre rive. Des planches pas plus larges qu'un petit pied d'enfant sont accrochées maladroitement pour sécuriser chaque enjambée. Après concertation, il n'y a pas d'autre solution que de traverser par ce pont. Étant donné l'état de fatigue des plus faibles, il est inconcevable de rebrousser chemin, ou de longer la rivière pour trouver une autre issue. La nature règne en maître et les rives sont inaccessibles, trop couvertes de végétation aussi dense que sauvage.

L'un après l'autre, nous avançons d'un pas mal assuré sur le pont tremblant. Lorsque vient mon tour, la peur me tétanise. Les mains sur les cordes, mon pied a du mal à atteindre l'autre planche : l'équilibre est difficile car le pont tangue sans cesse et la planche semble hors d'atteinte. Mais il faut passer, alors je prends une bonne bouffée d'air avant de me lancer courageusement et réussis avec peine à avancer. Entre les planches, le flot tumultueux semble se rapprocher pour pouvoir mieux m'avaler. Le pont vacille et je tremble de tous mes membres, avant de comprendre que d'autres me suivent avec la même incertitude.

Soudain, devant moi, une fille se met à hurler. Son pied est coincé entre deux planches. On nous crie d'arrêter d'avancer. L'instant de panique ne dure que quelques secondes avant qu'un homme déjà sur le pont, ne revienne sur ses pas pour aider la malheureuse, en lui mettant son pied parallèle aux planches. En attendant, l'instant est une éternité pour ceux qui sont déjà engagés sur la passerelle ; le tumulte des flots ressemble à une bataille, et le bruit qu'ils font, à des cris de milliers de poursuivants en colère….

Enfin, un à un, nous débarquons sur l'autre rive, sains et saufs, mais il n'y a aucun répit pour les fuyards. Surtout ne pas rester à découvert et poursuivre notre route. Mais pour aller où ? Les plus jeunes sont obligés de garder le silence et nous suivons, hagards, affamés, l'épuisante marche qui n'en finit pas. D'ailleurs, je ne crois pas avoir eu la curiosité de savoir pourquoi nous fuyons. Nos parents nous ont dit de partir, alors nous obéissons sans nous poser de questions, conscients de la gravité de la situation. Quand on voit les regards durs de nos pères qui nous imposent le silence absolu pendant des jours et des nuits, et nos mères nous faire des repas de racines et de feuilles, nous ne pouvons que respecter une obéissance totale.

Quelques mots d'encouragements se font entendre de temps en temps :

— Nous allons bientôt arriver.

Peu importe qui le dit, nous y croyons et redoublons d'effort. Il nous arrive parfois de piétiner nos propres pas et de croire que ce sont les pas de nos poursuivants, or, nous finissons par reconnaître nos propres empreintes. Nous avons tourné en rond plusieurs fois, sans horizon pour nous guider. Nous nous perdons souvent et faisons de nombreux demi-tour mais nous continuons à former une colonne, certes en sursis, mais homogène.

Je porte le gong de mon père qui me couvre presque entièrement le dos ; c'est le gong qui lui sert pour ses cérémonies de chaman et qu'il ne faut absolument pas abandonner. C'est la seule chose qu'on a pu me donner à transporter, tellement je suis petite et frêle. Mais il n'y a pas de dos inutile. Chacun doit pouvoir aider à sa façon, dans la mesure de ses capacités. La nuit, nous dormons d'un sommeil agité, priant je ne sais quel ancêtre pour nous réveiller de ce cauchemar qui, hélas, continue bien à notre réveil.

Lorsque nous faisons halte, les premiers se sont largement reposés et sont déjà prêts à repartir, alors que les derniers ne sont pas encore visibles derrière nous…

*

Après une journée de marche interminable, nous décidons de faire une pause au milieu d'une clairière. Je m'assois à côté de ma mère et regarde mes compagnons de voyage s'installer : même les plus valides et les plus sains ressemblent à des épaves. Les uns après les autres ils posent leurs bagages et se jettent sur le sol pour un repos salvateur lorsque soudain, quelqu'un se met à crier :

— Sauvez-vous ! Ce sont les Viêt-Congs !

Mon cœur bondit dans ma poitrine et, sans chercher à comprendre, je prends mes jambes à mon cou et je cours le plus vite et le plus loin possible. Des cris de panique résonnent dans la clairière. Tout le monde court dans tous les sens et l'instant d'après, il ne reste plus que les malades et les bagages abandonnés. Je me retrouve à traverser un petit ruisseau dans lequel ma tong s'enlise. D'instinct, je me retourne pour la récupérer, mais la personne qui se trouve avec moi m'en dissuade.

— Laisse ! Tu n'as pas le temps ! Cours !

On me tire par le bras. Je crois que c'est mon frère Zo. Nous courrons en essayant de rester ensemble, le plus loin possible et, lorsque nous estimons que nous sommes assez loin, nous nous cachons derrière un petit buisson. L'écho des fuyards résonne dans la clairière. Nous osons à peine respirer et restons cramponnés au buisson pendant des heures, tremblant de tous nos membres. Il règne maintenant dans la forêt, un silence morbide. Pendant très longtemps, cela me semble une éternité, nous restons ainsi, blottis contre le petit buisson, ne sentant ni la faim, ni le froid, mais seulement cette peur qui jamais ne nous quittera. Autour de nous, d'autres se sont également fiés à d'autres buissons, mais comme nous, aucun ne bouge.

Il nous semble entendre le battement de nos cœurs apeurés comme des tambours cognant trop fort et qui invitent même l'ennemi à nous retrouver. Où sont les autres ? Ma mère ? Mon père ? Sont-ils tous morts ?... Mes yeux scrutent avec angoisse l'endroit d'où nous sommes venus, de peur de voir surgir l'ennemi. C'est sans doute bientôt notre tour, ils vont sûrement nous retrouver.

Puis, des voix commencent à appeler au loin, qui s'approchent doucement. Nous nous faisons encore plus petits, en retenant notre respiration, car les mots sont confus.

— Revenez ! C'est une fausse alerte !

Mais nous ne bougeons pas, persuadés que c'est un piège. Ils ont attrapé les adultes et les obligent à nous mentir. Ils veulent nous faire croire que tout va bien, mais nous ne les croyons pas.

— Ce ne sont pas les Viêt-Congs, insistent les voix ! Vous pouvez sortir !

Nous ne sommes toujours pas convaincus et restons collés à notre petit arbre qui nous cache et nous protège. C'est alors que je vois s'avancer un visage connu et, au loin, d'autres fuyards commencent à sortir peu à peu de leurs cachettes, reconnaissant également leurs parents, frères et sœurs. Encore tremblants et incrédules, mon frère et moi rejoignons les nôtres.

La confiance est difficile à rétablir, et toute la journée consiste à rassembler, avec difficulté, tout le monde. Tard dans la nuit, les hommes continuent à chercher mon frère Blia qui a dû courir plus vite que nous tous. Les femmes se sont usé la voix, mais il est introuvable et mes parents mortifiés, sont condamnés à continuer sans lui…

Désormais le cœur lourd et sans aucun espoir de sortir de cette forêt, nous reformons notre colonne et continuons notre route, comme de petites fourmis condamnées à subir les mauvais sorts. Les nerfs sont à fleurs de peau et chaque bruit inhabituel est suspect.

Nous n'étions pas tranquilles depuis le début de cette fuite, et nous le sommes encore moins. Mes parents marchent mais reviennent sur leurs pas, espérant voir mon frère. Mais quelques heures plus tard, ils savent qu'il n'y a aucune chance de le voir vivant. Nous devons continuer notre marche, encore et encore...

Tout à coup, un autre cri nous fait sursauter et une voix nous invite à nous enfuir de nouveau. Mais les plus vieux sont résignés et refusent de bouger. Heureusement, il s'agit de mon frère Guia et de sa famille qui reviennent en arrière pour nous avertir qu'ils ont trouvé une route qui mène vers le Mékong.

C'est là que les adultes veulent nous emmener : il paraît que de l'autre côté, nous serons libres.

Les familles se forment de nouveau en petits groupes et continuent leur route, tandis que les hommes disparaissent parfois pendant plusieurs heures. Ils reviennent toujours avec du riz, des poules, des œufs, ou des fruits.

J'apprends, plus tard, qu'ils vont voler chez les fermiers. Si non, comment faire ?

Enfin, au bout de plusieurs heures, nous arrivons devant un fleuve immense aux remous effrayants. Peut-être moins que celui que nous avons traversé quelques jours plus tôt. Sans la couleur rouge et le pont de singe, il nous semble moins menaçant, mais il est tout aussi dangereux. Il s'agit du Mékong, le fleuve frontière qui sépare le Laos de la Thaïlande.

Pourtant, durant des jours et des nuits, nous

continuons à vivre cachés dans les buissons ou sous les arbres, légèrement en retrait, pour éviter les regards dangereux de nos ennemis qui, nous semble-t-il, continuent à nous rechercher.

Pendant quatre jours, nous nous planquons le long de la rive et commençons à souffrir de la faim. Mes frères et quelques hommes repartent à l'intérieur des terres pour récupérer de la nourriture. C'est alors que les passeurs arrivent enfin. Mais mes parents n'ont pas un sou et ils craignent de laisser mes frères en arrière. Ils s'endettent auprès de mes tantes pour payer le prix de notre liberté.

La nuit de la traversée, il fait noir. Tout n'est qu'ombre : le fleuve, les arbres, les flots rugissants, les embarcations. Les silhouettes des hommes se détachent sous la lumière lunaire, comme un film en noir et blanc, sourd et muet. Il y a juste un filet de son qui nous parvient, comme un empressement :

— Vite, vite !

Nous avons tous peur du pire, un drame qui terminerait ici la marche des fuyards. Les barques sont remplies de tous les côtés. Personne ne sait nager, si elles chavirent, c'est la fin assurée. Nous prions qu'elles tiennent. Nous ne sommes pas des hommes d'eau, mais des hommes des monts...

Heureusement, cette nuit, le fleuve est clément. Il laisse même en amont la lune miroiter à sa surface plissée et c'est elle qui éclaire les passeurs et leurs passagers apeurés. Les bateaux glissent lentement sur les flots, tanguent doucement tandis que certains étouffent la peur dans leur gorge pour l'empêcher de sortir effrayer les autres… Enfin nous accostons de l'autre côté du fleuve, on nous fait signe qu'il faut traverser la route et se cacher dans le ravin en attendant les ordres.

Les passeurs retournent leurs barques pour aller chercher les autres. Notre plus grande angoisse, c'est de perdre encore l'un des nôtres.

Enfin, tout le monde est rassemblé et le matin pointe déjà à l'horizon. C'est ensemble que nous nous levons, hagards, et fixons la route aux terres d'argile qui nous conduira vers notre nouvelle demeure. Le fleuve ne change rien à son habitude et continue à débiter son flot interminable. La rive laotienne s'éloigne doucement de notre vue, gardant avec elle nos rêves d'avenir, nos espoirs d'une vie meilleure, l'histoire de nos ancêtres, nos morts et surtout, notre fuite. Mais pas notre peur.

Ici, sur cette terre d'argile que nous foulons tous pour la première fois, commence notre vie d'exil.

*

Le camp de réfugiés, appelé Pa-Son, est composé de rangées de tentes collées les unes aux autres. La différence sociale se retrouve dans la richesse que chacun a pu ramener du Laos. Les familles les mieux loties sont celles dont la fratrie est moins nombreuse et celles qui sont là depuis longtemps. Elles bénéficient de l'expérience du camp : c'est la débrouille et les opportunités qui sauvent les plus courageux.

Nos parents n'ont pas le droit au repos, celui que

mériteraient des soldats courageux qui viennent de sortir leurs familles d'une fin fatale. Il faut qu'ils se remettent en quête de nourriture.

C'est en ces temps que le rôle de mon père prend un poids capital pour notre survie. Dans ce milieu où tout repose sur les épaules de l'homme, notre père ne laisse rien au hasard. Prenant son courage à deux mains, il ne dédaigne aucune tâche ingrate. Il faut travailler pour les autres Hmong pour quelques grains de riz ? Notre père retourne la terre, désherbe, plante, moissonne avec ma mère. On l'oubliera trop vite, plus tard, mais nos parents nous donnent tout, lors de ces mois dans le camp. Puis, nous sommes rapatriés à Ban Vinay[17], un autre camp de réfugiés, où nous demeurons pendant un an.

Nos parents travaillent comme des esclaves pour d'autres réfugiés plus chanceux qui ont réussi à obtenir un jardin contre une petite somme d'argent, mais cela ne nous empêche pas d'avoir faim.

Il y a un grand lac près du camp et mon père va souvent pêcher avec les autres hommes. L'eau leur arrive à la taille. Certains maintiennent le filet qu'ils tendent en cercle, tandis que d'autres, leur faisant face, y rabattent les poissons qui, pris au piège, tentent de se sauver en usant de leurs dernières forces en élançant inutilement leurs corps vers l'extérieur. Mais ces efforts ne font que les affaiblir et ils gisent les uns sur les autres dans le filet, ce qui fait l'émerveillement des enfants.

---

17 Ban Vinay : au plus fort de son occupation, ce camp a abrité plus de 45 000 réfugiés, en majorité des Hmong.

Nous en mangeons tous les jours jusqu'à ce qu'une arête se coince dans ma gorge. Je vomis jusqu'à la bile. Pendant longtemps, à chaque déglutition, je la sens encore me transpercer la gorge.

Les jours de pluie, les allées sont pleines de boue et les jours de sécheresse, la poussière constitue une partie de ce que nous inhalons. Il n'y a pas de possibilité d'un monde meilleur ; on vit vraiment au jour le jour. Demain sera sans doute semblable à aujourd'hui.

Dans ce village surpeuplé, la vie s'organise pour ressembler à quelque chose de normal. Ce soir, on projette un film dont je ne connais pas le titre sur un immense écran installé sur la place. C'est la première fois que j'assiste à ce genre d'événement. Il y a beaucoup d'effervescence. La foule se rassemble autour de l'écran à la dimension démesurée. Les têtes sont toutes tournées vers cet écran, symbole d'un occident si lointain et si inaccessible.

Ici, il n'y pas de champs à cultiver. Les enfants continuent à vivre avec l'insouciance de leur âge et il nous arrive de flâner dans le camp, ou d'aller nager au lac. Je suis plutôt bonne nageuse et avec ma camarade, nous allons souvent nager. Avec ma jupe laotienne, j'emprisonne l'air et je m'en sers comme bouée. Lorsque je m'aperçois que ma camarade est loin derrière moi, je prends peur. Je pense soudain aux dragons qui vivent dans les profondeurs et je crains qu'ils me tirent les pieds pour m'emmener vivre avec eux. C'est la légende que ma mère me raconte, sans doute pour que je ne m'éloigne pas de la rive. Son histoire, à cet instant, fait son effet, alors, je me sers de mes mains comme palmes et me retrouve vite de l'autre côté du lac.

Mes sœurs sortent peu : ce sont pourtant de jeunes filles à marier. Les courtisans ne manquent pas. Des bandes de garçons et de filles bons à marier défilent sur l'immense place poussiéreuse.

Les garçons de la famille sont envoyés à l'école. Mes sœurs n'y ont pas droit : elles sont réservées pour les tâches ménagères et pour aider les parents. Étant encore jeune, mes parents décident de faire une tentative de scolarisation avec moi.

Vêtue du costume des écolières thaïlandaises (une jupe plissée bleue et un chemisier blanc), je me présente à l'école, un matin, accompagnée d'une camarade. Le maître nous jette un regard courroucé, accompagné d'une réprimande qui me fait encore frémir :

— Vous ne m'avez rien emmené ? Vous savez qu'il faut apporter quelque chose si vous voulez venir à l'école !

Nous le regardons sans comprendre. C'est notre premier jour et, nous l'ignorions.

— Allez-vous-en ! Allez me ramener du bois ! Si non, ne revenez pas !

Nous détalons en vitesse et, tandis que nous cherchons des troncs de bois, pas trop lourds, ni trop légers qui puissent servir de chauffage, mes pensées se bousculent dans ma tête.

— Payer pour aller à l'école ? Mais c'est quoi, ça ? D'abord, je n'ai pas envie d'aller à l'école ! Encore moins de ramener du bois au Maître !

Après concertation avec ma camarade, nous décidons de ne jamais remettre les pieds à l'école. Le Maître ne verra jamais la couleur de notre bois. Nos parents ne nous réprimandent pas, ils ont d'autres soucis.

Les jours et les mois passent, sans l'espoir, pour eux, d'un lendemain différent. Petit à petit, le camp se vide au bénéfice de nouveaux arrivants. Des cars entiers acheminent des familles chanceuses pour l'Occident, nous dit-on : aux États-Unis, en France, au Canada... Les gens se quittent en pleurant. Ils savent tous que la probabilité de se revoir est mince.

Pourtant, partir du camp reste un privilège[18]. Mon père a bien rempli des demandes de visas, mais nous n'avons personne à l'étranger et rien n'indique que nous pourrons un jour quitter cet endroit.

Le jour des « appels », les gens se rassemblent autour des autorités et trépignent d'impatience et d'inquiétude, partagés entre la joie d'être appelés et la tristesse de devoir quitter leurs proches.

Et puis, le jour des départs, des dizaines d'autocars viennent se garer sur la grande place poussiéreuse. Une poussière rouge, comme la couleur de mes cheveux.

En assistant au départ, ceux qui restent, éprouvent une certaine envie, mais se contentent de se dire qu'il y a de la place qui se libère dans les logements et qu'ils

---

18 Les critères pour obtenir un visa sont : avoir un parent dans le pays d'accueil ou avoir servi sous le drapeau du pays d'accueil (voir livre de Jean-Pierre Willem « Les naufragés de la liberté »).

peuvent y prétendre pour améliorer leur quotidien, jusqu'au prochain appel.

Par chance, mon frère Guia rapporte à mon père qu'une famille, qui a obtenu un visa pour la France, refuse d'y aller. Elle préfère l'Amérique. C'est le souhait de beaucoup de familles.

Pour mon père, peu importe la destination. Tout ce qu'il souhaite, c'est pouvoir nous sortir de cette vie poussiéreuse. Même si les rumeurs disent que la France[19] est un pays rétrograde, même si les gens travaillent dans les champs, comme au Laos, aussi durement qu'avant, lorsqu'on vivait en paix, il décide de tenter sa chance en nous inscrivant comme volontaires au départ pour la France.

---

19 Il s'agit de la Guyane. De nombreux Hmong y ont été rapatriés et ont, à la force de leur bras réussi à rendre des forêts cultivables. De nos jours, la communauté est un acteur majeur de l'économie Guyanaise.

## 3

Mars 1977. Ma mère a quarante-deux ans et mon père quarante-huit ans. Enfin, après un an de survie, nous quittons le camp Ban Vinay qui est devenu un village où la précarité et l'hygiène deviennent difficiles à vivre. Mes parents ont préparé rapidement quelques biens de valeurs sentimentales et me poussent dans l'autocar. Nous restons groupés : ils ont trop peur d'en laisser un sur le trottoir. Ils embrassent rapidement les tantes, mais les proches sont nombreux et les adieux sont interminables. Les jeunes versent de chaudes larmes à leurs amoureux, en regardant s'éloigner le camp devenu trop petit pour l'impressionnant nombre de réfugiés qui arrivent quotidiennement.

Combien de temps nous roulons ? Je l'ignore mais je me retrouve dans un avion. C'est la première fois que je monte dans un « oiseau d'acier ». Lorsqu'il s'élève, je jette des regards apeurés autour de moi et, constatant que je ne suis pas la seule à sentir la peur me nouer l'estomac, je me blottis au fond de mon siège et me laisse guider par une hôtesse aux yeux ronds. Pendant tout le trajet je suis malade. Mon cerveau est collé à ma boîte crânienne, comme s'il voulait en sortir ; mon estomac se vide de suc gastrique jusqu'à la bile. On finit par me donner un médicament qui, sitôt avalé avec difficulté (je n'ai jamais avalé de médicament de ma vie), finit par faire effet. À peine endormie, je me sens transportée vers un siège qui se trouve sur la première rangée.

L'avion atterrit à Paris-Charles-de-Gaulle. On nous installe à Dourdan, dans un centre de vacances de l'Essonne. Je ne me souviens pas comment, mais je me retrouve dans une grande salle. Nous sommes autour d'une table et des dizaines de paires d'yeux ronds nous regardent en chuchotant dans une langue étrange. Des dames « *fab kis*[20] » nous servent un repas. Nous sommes comme des petites fourmis qui se jettent sur un bout de sucre : à peine la corbeille de pain posée sur la table, elle est déjà vide. Les petits sauvages que nous sommes se sont saisis de plusieurs pains par personne, les moins rapides ne récupèrent que de justesse un pain qu'ils gardent jalousement dans leurs mains sales aux doigts osseux... Les intestins, privés de nourriture depuis tant d'années, sentent, à chaque morceau avalé, comme une déchirure leur frôler les parois pour atterrir dans l'estomac qui semble crier de joie et ne jamais vouloir se satisfaire avant d'être complètement ballonné.

Confronté à ce nouvel environnement qui effraie tout le monde, ma première nuit dans le camp est teintée de cauchemars. Comme nous sommes une famille nombreuse, nous occupons deux maisons. Pendant la nuit, ne trouvant pas le sommeil, certains se lèvent et errent comme des fantômes qui veulent

---

20 *Fab kis*, se prononce faqui : signifie Français.

nous chasser de cette maison qui n'est pas la nôtre...

Ce lieu, pourtant, n'est que transitoire. L'installation doit se faire en plusieurs étapes. Peu de temps après, chaque famille est envoyée vers des lieux différents. La nôtre est conduite vers le sud, à Barre-des-Cévennes. Dans ce village perdu au fin fond de la campagne française, nous habitons dans une petite maison[21] où une partie de l'entrée donne sur un balcon. De là, on peut voir tout le village en contrebas. Notre nouvelle vie est une nouvelle naissance, pendant laquelle nos parents réapprennent également tout : faire à manger, boire dans un verre d'eau, aller aux toilettes...

Mais contrairement à nous, ils doivent faire semblant de savoir, alors que nous avons l'excuse de notre jeunesse ; notre ignorance peut nous être pardonnée et l'apprentissage pour nous est plus facile.

Les assistants sociaux s'occupent de notre intégration, depuis notre arrivée[22]. Ils essaient de trouver du travail pour les hommes et les femmes aptes à travailler, mais c'est du transitoire, nous le savons bien. On leur a dit que nous venions des montagnes et que nous étions des agriculteurs pour la plupart d'entre nous. Mais ici, il n'y a pas de terre à cultiver. Les adultes sont occupés à tresser des paniers en osiers et des chaises : ils sont doués et apprennent vite. Les enfants ne sont pas encore scolarisés et s'amusent librement.

---

21 Il s'agit de l'ancienne gendarmerie transformée en maison d'accueil pour les réfugiés. Aujourd'hui, c'est une épicerie.

22 Voir « Ne me lâche pas la main » de Cathou Quivy qui relate l'accueil des réfugiés.

La même fratrie reste groupée ; dans ma famille, il y a mes parents, mes frères Pheng, Kou, Zo et Yen, mes sœurs Zeu et Nadia. Puis mon frère Guia, sa femme et leur fils.

J'accompagne ma mère quelquefois au lavoir, un peu en contrebas. Nous frottons le linge avec du savon puis nous le battons avec une grosse spatule et nous l'essorons en le tordant. C'est difficile pour mes petites mains, mais ma mère me laisse faire, juste pour le côté éducatif probablement. Ensuite, nous transportons le linge dans de grosses bassines jusqu'à la terrasse où ma mère le fait sécher sur des cordes. C'est sur cette terrasse qu'une première photo est prise, avec mes parents, ma sœur Zeu, mon frère Yen et moi. On nous voit, Yen et moi les cheveux roux, à cause d'une carence en protéines.

Nous nous lavons peu, et je déteste cela, surtout que la douche se trouve au sous-sol de la maison : il y fait sombre. Dès que nous y pénétrons, de vieux tissus abandonnés et des plastiques pour protéger le mobilier se mettent à flotter, à cause du courant d'air provoqué par l'ouverture de la porte et des fenêtres minuscules. Je suis assez trouillarde et j'ai beaucoup trop d'imagination : je pense tout de suite à des fantômes. Pour se doucher, les grands se précipitent les premiers et remontent en vitesse, me laissant seule dans la pénombre où le moindre bruit me fait sursauter. Souvent, je me mouille à peine les cheveux et le corps, puis remonte vite parmi les vivants.

D'autres Hmong arrivés plus tôt et qui parlent Français, nous servent de guide. C'est eux qui s'occupent de nos papiers d'identité (cartes de réfugiés politiques et cartes de séjour). Nos dates de naissance sont approximatives et l'orthographe de nos prénoms n'est pas très juste. Il faudra pourtant se contenter de ces inexactitudes pour toujours.

C'est bientôt l'été et lorsqu'il n'y a rien à faire, nous partons en balade dans les collines à la découverte des lieux. Les hautes herbes sont sèches, l'air doux et la chaleur est présente depuis quelques jours. Rien à voir avec les hautes montagnes Hmong, où la forêt s'étale à perte de vue. Du sommet des collines, nous distinguons le village et ses alentours. En 1977, on écoute du Laurent Voulzy à la radio que les hommes transportent dans la balade. C'est assez étrange d'entendre « Rock Collection » résonner dans les montagnes…

Un jour, de retour de notre promenade, nous comprenons que quelque chose de grave est arrivé. Je ressens la lourde inquiétude de ma mère qui nous annonce que mon frère Zo est à l'hôpital. Il s'est fait une fracture ouverte au bras. On nous montre l'endroit où l'accident a eu lieu. Il faisait du toboggan et s'est pris le bras dans les planches situées en bas du toboggan. Il y a encore quelques gouttes de sang tout frais.

— L'os est sorti, nous raconte-t-on.

C'est affreux à imaginer. Zo s'en sort mais souffrira toujours de douleurs insupportables par la suite et sera même dispensé du service militaire.

Quelque temps plus tard, on nous rapatrie à Florac où nous occupons de véritables maisons dans un centre de vacances encore peu fréquenté en raison de la saison basse : on est en avril. Une dame nous explique comment utiliser les toilettes : il faut monter sur la cuvette, se tenir accroupi et faire dans le trou. Difficile de viser juste, tout en gardant l'équilibre… En réalité, ce n'est bien sûr pas comme cela qu'on doit procéder. Mais au pays, il n'y a pas de toilettes ainsi désignées par les « fab kis » : on fait dans la nature. D'ailleurs c'est un détail dont je ne me souviens plus. Où allais-je faire mes besoins ?

Ma sœur aînée Zeu, âgée de dix-sept ans, est envoyée dans un camping pour faire le ménage afin d'aider le couple propriétaire du lieu. Elle nettoie les toilettes et s'occupe des basses besognes. Seule et isolée de nous, elle vit très mal cette situation, d'autant qu'elle ne comprend aucun mot des deux français qui, pour lui donner les instructions, pointent du doigt les toilettes ou les douches. Les instructions qui sonnent comme des ordres ressemblent à des grognements qui lui font comprendre que ce sera sa tâche de la journée.

Elle se sent bête et le manque de considération la rend tellement malheureuse qu'elle passe ses nuits à pleurer.

Ma sœur Nadia, d'un an de moins qu'elle, demeure avec nous. Elle ressent une profonde solitude. En Thaïlande, les jeunes filles étaient entourées de jeunes hommes qui leur faisaient la cour et Nadia était très courtisée. Aujourd'hui elle se sent bien seule. Souvent elle se réfugie dans les montagnes pour leur chanter sa mélancolie et sa solitude. Quelques mois plus tard, elle accepte la demande en mariage d'un homme du clan Vu qu'elle ne connaît pourtant pas. Elle pense ainsi se libérer des tâches ménagères ingrates que lui imposent les parents : nettoyer, laver, faire à manger du matin au soir. Mais les mariages arrangés sont courants et cela ne surprend personne. Pour cette occasion, ma sœur Zeu revient provisoirement pour fêter le mariage. Puis, c'est le cœur lourd qu'elle repart chez le couple, tandis que ma sœur Nadia part de son côté avec son époux avec qui elle vivra en région parisienne.

\*

Ensuite, on nous transporte à Castres, dans le Tarn. Le voyage en autocar est un calvaire pour moi : je vomis tout le long. On débarque notre famille en plein après-midi au milieu d'une place remplie de gens curieux qui nous observent comme des bêtes de cirque. C'est dans cette ville, dit-on, que nous allons commencer notre nouvelle vie.

On nous installe dans la « Tour Bisséous[23] », un immeuble de quatorze étages, planté au milieu d'autres barres d'immeubles, entourées de maisons. Nous n'avons jamais vu de tour aussi haute de notre vie : rien qu'en levant la tête, nous sentons le vertige nous faire vaciller comme si la Tour nous écrasait de tout son poids.

Elle est en forme de U en 3D avec des habitations dans chaque aile. Nous sommes installés dans l'aile

---

23 La Tour Bisséous jugée trop dangereuse, est détruite le 29 août 1999.

gauche, au 9è étage où nous sommes conduits par un ascenseur immense qui peut transporter une dizaine de personnes. La première fois que j'y monte, je sens comme tous mes organes intérieurs monter et je me colle au mur. L'ascenseur cauchemardesque ne semble jamais vouloir s'arrêter.

L'appartement comporte quatre chambres : une chambre pour mes parents et Yen, une chambre pour Kou et Zo, une chambre pour les filles (je dors avec ma sœur Zeu) et une chambre pour Pheng (le séjour est séparé par une cloison pour faire une chambre supplémentaire).

Le séjour donne sur un balcon où nous pouvons voir les toits des maisons et porter notre regard au loin où on aperçoit la cime des arbres. Ma sœur et moi dormons dans la chambre qui donne vers l'intérieur : les stores sont des vasistas et lors des périodes de vent, ce qui est souvent le cas (Castres étant non loin de la Méditerranée), il est impossible de dormir. Dans cette chambre, ma sœur et moi vivons dans un univers séparé par l'âge : à dix-sept ans, privée de ses amis et des jeunes de son âge, elle passe son temps à écouter avec nostalgie les chansons d'amour et de séparation.

« L'hiver est déjà là, où es-tu ?
*Ntuj no tuaj lawm kov nyob qhov twg*
Je ne trouve pas le sommeil, je pense à toi
*Kuv pw tsis tau tseem nco*
Je pense à notre histoire d'amour…
*Tseem nco txog wb txoj kev sib hlub »*

Nous vivons seuls parmi les autres populations de couleurs. Notre minorité se cloisonne dans le quartier de la Tour.

Les autres Hmong sont installés au Quartier Le Petit Train, de l'autre côté du Centre-Ville.

Quelques-uns résident dans une ferme à quelques mètres de nous, tandis que mon frère Guia et sa famille vivent dans une barre d'immeubles à côté de l'aire de jeux.

Mon père a imposé des règles de discrétion : nous ne devons pas faire de bruit, nous devons rester discrets, pour ne pas causer de problèmes. Il faut se fondre dans la population. C'est déjà une chance immense d'être ici, vivants et surtout, tous ensemble. C'est difficile, pour mes parents autant que pour nous. Là-bas, nous vivions en liberté ; nous allions où nous voulions, sans aucun regard curieux sur nous. Dans cet appartement, les murs semblent si minces qu'il faut presque parler en chuchotant pour ne pas déranger le voisinage que je crains de croiser chaque fois que je dois sortir. Le contact et le regard des autres deviennent ma plus grande difficulté.

Avant de sortir, je regarde d'abord par le judas s'il y a de la lumière dans le couloir. S'il y en a, je ne sors pas jusqu'à ce qu'elle s'éteigne. J'ai aussi très peur de l'ascenseur parce que quand on y entre, c'est le rituel. Par politesse, je dois demander aux personnes qui rentrent en même temps que moi :

— Quel étage ?

J'appuie sur l'étage indiqué par mes « compagnons d'ascenseur », puis j'attends.

Quand je sors, je dois dire :
— Au revoir.

C'est vraiment une épreuve et je prends souvent l'escalier. Arrivée au rez-de-chaussée, pour éviter de croiser quelqu'un, je passe par le local à ordures où l'interrupteur est abîmé, ce qui m'occasionne plusieurs coups de jus. Mais je préfère encore cela que de croiser le regard du gardien.

La voisine tente quelques approches mais lorsqu'elle frappe à la porte, on sursaute et on arrête de respirer. C'est une gentille dame aux cheveux blancs, au joli sourire. Elle réussit à nous emmener chez elle pour nous donner quelques vêtements, en compagnie de sa fille. Gênés et confus de recevoir autant d'attention, mes parents se confondent en remerciements et courbettes à n'en plus finir.

Nous n'allons nulle part seuls. Pour jouer au pied de la tour, mes deux frères Zo et Yen sont toujours présents. Comme un garçon, je gambade, grimpe aux arbres et fais des escalades à vélo, en m'élançant d'une pente raide et étroite. Un véritable casse-cou ! L'été nous regardons la télévision et jouons aux cartes avec des bonbons et aux jeux de sociétés.

Mon père s'initie à la langue française, tandis que ma mère, fidèle femme au foyer, passe son temps entre la cuisine et la broderie. C'est un changement total de vie pour les aînés. J'imagine, de loin, leurs difficultés d'intégration, tandis que les plus jeunes, encore chanceux, peuvent s'instruire avec les petits « fab kis ».

Notre accompagnatrice, madame Joffre, vient

nous rendre visite assez souvent au début de notre installation. C'est jour de fête lorsqu'elle nous emmène chercher des vêtements dans une sorte de foyer social, ou chez de généreux donateurs. Nous choisissons ce que nous voulons et nous sommes éternellement reconnaissants envers les personnes qui nous offrent de si jolis gilets, pulls, chemisiers, manteaux, et tant d'autres choses qui nous sont utiles. Au début, nous ne savons pas trop ce que cela signifie parce que nous ne savons pas encore mettre de mots sur notre nudité, notre faim de tous les jours, notre manque de tout. Lorsqu'enfin nous découvrons l'expression « être pauvres », nous découvrons aussi notre pauvreté financière et matérielle. C'est pour nous une honte sans nom. Et pourtant, se savoir pauvres, regarder les autres s'acheter ce qu'ils veulent, avec envie, c'est se sentir différents, et c'est encore pire.

Nous continuons à survivre longtemps grâce aux aides sociales. Aucun achat superflu n'est autorisé. Tout est acheté en grosses quantités et stocké dans le congélateur. Peu de légumes, beaucoup de viandes, surtout la viande de porc qui est la moins chère et du poulet. Comme on a tant manqué, chaque repas est composé de grandes quantités de viande, si non, nous ne sommes pas rassasiés… La corvée des pommes de terre que nous découpons en frites est sans fin : nous ne connaissons pas les frites surgelées.

Au début de notre installation, les assistantes sociales emmènent les adultes faire les courses, les suivent dans les démarches en tout genre (papiers, courriers, visites médicales, trouver du travail…).

Les adolescents et jeunes adultes sont placés en apprentissage, les plus jeunes sont inscrits à l'école.

Ainsi, ma sœur Zeu est envoyée en apprentissage et revient tous les week-ends. Mais c'est très difficile pour elle et au bout de deux mois, elle refuse de retourner en pensionnat. Elle apprend donc la couture et, grâce à Mathilde, une assistante sociale qui nous vient en aide, se fait embaucher par un patron pas très honnête qui l'exploite en la faisant travailler le 11 novembre, alors qu'il n'y a personne d'autre dans l'entreprise.

Mon frère Kou rentre en formation pour apprendre la mécanique, mon frère Zo est mis dans une école pour apprendre le français, mon frère Yen rentre en maternelle et moi, en CP.

**4**

C'est à partir de cet instant que je suis livrée à moi-même. Le « je » se détache du « nous », du tout qui faisait ma force : le tout avait la conscience à lui seul et pensait pour moi, à ma sécurité et à ma sauvegarde et je n'avais pas de questions à me poser. Maintenant, je dois penser, décider et vivre pour moi. Le mot d'ordre ressassé par mon père est « intégration », coûte que coûte. Le cerveau doit porter toute son attention sur l'apprentissage de la langue Française ainsi que des us et coutumes. Chacun est seul, face à lui-même.

À ce nouveau combat où chacun est seul désormais, la peur reste présente et grandit chaque jour, même si ce n'est pas la même peur que pendant la fuite. Se détacher des autres, vivre sa propre vie, prendre conscience de ses gestes, craindre de se tromper et d'être jugée pour ce que je fais, voilà ce qui m'effraie le plus. Lors de cette seconde naissance, je suis scolarisée à l'école Bisséous située au 4 rue des Frères Nicouleau, en face du stade de rugby. C'est une école mixte depuis que les garçons et les filles sont autorisés à étudier ensemble ; il y a toujours inscrit au-dessus des portes d'entrée les mots « Garçons » et « Filles » : je suis dans l'école des « Garçons ».

Je me souviens de mon premier jour à l'école : je rentre dans la classe, sous des paires d'yeux curieux. Le maître, monsieur Julien, un homme grand, maigre et l'air sévère, me fait signe de m'installer à un pupitre, au dernier rang. Je ne comprends pas un mot de ce qu'il me dit. Mes camarades me regardent en chuchotant. Ils n'ont jamais vu d'asiatique de leurs vies et se demandent sans doute d'où je viens, pourquoi j'ai les yeux en amendes. Je suis mal à l'aise parce que j'ai l'impression qu'ils se moquent de moi.

En plus, c'est le CP, une période difficile pour les petits qui viennent de maternelle. C'est une année charnière : l'apprentissage de l'écriture, de la lecture et des mathématiques.

La matinée est une torture. Je veux disparaître et prie pour que ce soit un rêve ; mais les chuchotements et les regards des autres enfants me font comprendre que ce que je vis est réel.

Je me souviens de m'être penchée sur mon cahier d'écriture, de tenir mon stylo-plume encré de noir, et de former ma première lettre. Le tableau noir fait danser le « A » sous toutes ses formes, entre des lignes parfaitement tracées par monsieur Julien. Son œil acerbe guette la moindre grimace qui pourrait se dessiner sur les petits visages juvéniles de ses chers élèves.

Je recopie adroitement ce travail solitaire, mais comme un animal apeuré et qui fait la curiosité des autres, je me tapis dans les recoins de la cour pendant la récréation.

À 11h30, quelqu'un me pose une question :

— Est-ce tu manges à la cantine ?

Ne comprenant rien, je souris bêtement et les autres prennent ça pour un « oui ». On me met en rang et, pressée contre quelques camarades qui chuchotent en riant, me voilà emmenée jusqu'au réfectoire où je n'ai pas le temps de m'asseoir qu'un adulte commence à me tirer par le bras. Bousculée et me sentant rejetée, je me retrouve à l'entrée de l'école où ma mère m'attend. Elle me regarde avec des yeux courroucés. Elle non plus ne comprend pas ce qu'il m'est arrivé. Nous marchons lentement côte à côte, dans le silence. De mon fort intérieur, j'attends un certain réconfort de sa part. Je voudrais qu'elle m'explique les choses. Nous zigzaguons entre les rues et les rangées d'immeubles, avant d'arriver à la tour que je vois approcher avec soulagement.

Je pense que mon calvaire est fini, mais après déjeuner, elle me raccompagne et me laisse à mon triste sort.

Le rituel se reproduit tous les jours. Mon père disparaît de ma vie quotidienne, ainsi que mes frères et sœurs. Ma mère voudrait faire de même et me le fait sentir. Je pense que chacun essaie de tenir le coup, de ne pas faiblir pour montrer à l'autre que l'on peut s'en sortir. Mais à quel prix ? Ma mère m'abandonne bientôt, jugeant que je suis assez grande pour faire le trajet toute seule.

Grâce à une écoute attentive et à mon jeune âge, j'apprends assez rapidement la langue. Mais je me sens terriblement seule. Pour me protéger, je m'isole et me fais toute petite. J'ai peur de tout et dès qu'on m'adresse la parole, je voudrais que la terre s'ouvre sous mes pieds et me fasse disparaître. Je regarde souvent, sans répondre, ou alors, je tourne la réponse dans ma tête pendant longtemps avant de répondre. Je bafouille, on se moque de moi. Et ainsi de suite.

Afin de me donner le courage, je nourris secrètement un retour prochain « au pays », espoir qu'entretient ma mère tous les jours, dans une seule et unique phrase qui voulait tout dire :

— Quand nous retournerons au pays…

Je tiens donc bon et avec une certaine lassitude, me traîne tous les jours à l'école où, le plus dur, est de rester enfermée à la même place toute la journée.

Enfin, je trouve une solution idéale : pour m'habituer à cette nouvelle vie et ne pas souffrir du regard et du mépris des autres, je développe l'art du détachement total et me répète intérieurement la phrase fétiche de ma mère. Je récite secrètement :

— Quand on retournera au pays, je serai libre…

Pourtant, le temps passe et mon espoir s'amenuise. Le « pays » semble n'avoir été qu'un pays imaginaire ou un rêve duquel il faut bien se réveiller pour avancer. J'apprends donc à parler en mémorisant chaque mot. C'est aussi compliqué que d'apprendre à écrire, surtout que l'écriture Hmong n'existe pas et que je n'ai jamais été à l'école.

Mentalement, c'est toute une histoire : avant de faire une phrase, chaque lettre s'inscrit quelques millièmes de secondes d'abord, dans ma tête, et je visualise l'orthographe complète en même temps que je prononce chaque mot et chaque phrase. C'est, je pense, un exercice digne d'une médaille d'or, car, bien que je parle peu, je pense que j'écris mentalement pas mal de mots, et je doute que d'autres enfants de mon âge puissent en faire autant. Souvent, je ne comprends pas ce que l'on me dit et de peur de paraître ridicule, je souris.

La plupart des asiatiques ont ce comportement : c'est de la réserve, mais aussi de l'incompréhension. Quant à la lecture, je ne sais pas par quel miracle j'ai appris, puisque ma réserve et ma timidité ne m'ont jamais donné le courage de lire un seul texte en classe de toute ma vie. Encore moins à la maison. En réalité, je pense que pendant très longtemps, personne, ni même moi, n'a entendu le son de ma voix. Petite, certains se demandaient sans doute si je savais parler.

Au fil des ans, la différence au niveau de la langue s'atténue.

*

À l'école, j'apprends aussi des chants en langue allemande, et la musique m'est facile à mémoriser, j'ignore pourquoi. Ce qui est certain, c'est que je reste effacée et mes maîtres démarquent par leur personnalité : ils sont tout puissants à mes yeux, de par leurs connaissances. J'ai beaucoup de respect, mêlé de crainte pour eux. Il y a monsieur Julien, un homme grand et mince, aux doigts longs et aux cheveux blancs, tout le temps vêtu de sa blouse bleue, tellement usée qu'on dirait un vert kaki. Il est sévère, mais c'est un bon professeur et j'apprends vite avec lui l'orthographe et la poésie. Lorsqu'un élève fait des bêtises, il a droit au bonnet d'âne avec lui, ou aux tapes sur les doigts, à l'aide de la règle. J'ai droit à cette deuxième punition, je ne sais plus la raison mais mes doigts s'en souviennent encore.

Monsieur Lambert est, il me semble, mon maître de CE2. C'est un bel homme. Il est brun et sa blouse est d'un bleu flambant neuf. Je suis un peu amoureuse de lui, jusqu'au jour où il me tire l'oreille, parce que je ne suis pas rentrée en classe lorsque la cloche a déjà sonné depuis longtemps. C'est la faute d'une camarade qui, ce jour-là, décide d'ignorer les règlements en restant dans la cour, alors que la récréation est terminée. Je me sens obligée de rester avec elle. Monsieur Lambert apprécie peu notre présence dehors, ma camarade étant encore assise sur le bord de la fenêtre : il me tire l'oreille et je me sens humiliée comme jamais. Je décide donc de ne plus faire attention à lui.

Le directeur de l'école s'occupe des classes de CM1/CM2. C'est un homme un peu fort, au visage arrondi et aux épaules carrés. Il est gentil et je passe une bonne année de CM1. Lorsque je suis dans sa classe, je passe ma première visite médicale. Évidemment, je me demande ce que le médecin fait : il m'ausculte, me pèse, me demande de lire des lettres inscrites sur une pancarte, des lettres à peine visibles... Je ne vois rien : tout est aussi flou qu'en classe !

Depuis plusieurs années, j'occupe le premier rang. Je pense que c'est pour me permettre de lutter contre ma timidité et mieux me surveiller ou m'entendre lorsqu'on m'interroge… Mais je comprends mieux à présent, c'est que je voyais flou. Un rapport est fait à mon père :

— Il est urgent de faire porter des lunettes à votre fille !

Ce qui veut dire que je suis myope comme une taupe. Il faut m'acheter des lunettes. Mais mon père, très sévère, m'accuse de raconter n'importe quoi au médecin afin de l'obliger à gaspiller de l'argent à des choses inutiles. Voilà, je n'aurai rien et en plus, je me fais gronder. Il tient les comptes au centime près et l'argent ne sert qu'à la nourriture.

En fin d'année, un séjour est organisé en Allemagne, mais je sais que mon père ne me permettrait pas de partir à cause de notre pauvreté. Alors, lorsqu'un camarade attentionné me pose la question :

— Et toi, tu ne viens pas ?

Je suis gênée de répondre, pour une fois que quelqu'un s'intéresse à moi, au bout de quatre ans à se côtoyer.

— Je sais pas. Je crois pas. Faut que je demande à mon père.

Quelques jours plus tard, car il faut bien quelques jours pour trouver le courage de le faire, j'interpelle mon père qui me dit :

— Non.

C'est tout. Il n'y a pas à discuter.

Alors je montre à ma mère un signe de rébellion en lui faisant part de mon incompréhension, et combien je trouve tout cela injuste. Au bout de quatre années dans l'école, à vivre avec les petits Français, je commence à ne plus me sentir Hmong.

Sous l'impulsion de mes camarades et des professeurs, une collecte est faite auprès des parents d'élèves et me voilà suffisamment munie d'argent pour payer le voyage et même avoir de l'argent de poche. Mais mon père refuse catégoriquement. Il est alors difficile de comprendre ses motivations et je lui en veux pendant très longtemps. Il finit cependant par m'expliquer des années plus tard :

— Quand on n'est pas chez soi, on est étranger ! Et si tu es arrêtée en Allemagne, on t'aurait renvoyé au pays. Tu ferais moins la maligne, hein !

Bon, le ton y est : je comprends que je l'ai échappé belle et ça me calme pour d'autres « rébellions » de ce genre.

\*

Je fais ma première sortie loin de la famille lors d'une classe de neige en CM2. Curieusement, je n'ai pas à me battre pour être autorisée à partir. J'ai même un peu peur de partir seule, mais je me laisse entraîner par mes camarades. C'est signe que je m'intègre bien.

Pour l'occasion, on me trouve une petite valise, mais je ne sais pas faire mes bagages. En regardant de plus près, je n'ai pas grand-chose à emporter. Mes vêtements ressemblent à des loques ; je ne me rappelle pas la couleur qu'ils étaient. Sans doute, très larges et très noirs. Quant à mes chaussures, ce sont des baskets, les seules chaussures que je peux porter : j'ai toujours souffert des pieds. Au Laos, je me promenais pieds nus, alors il n'y avait pas de problème de pointure de chaussures.

Je passe des journées fabuleuses, mais je me sens très seule, encore plus que d'habitude. En classe de neige, il n'y a pas de neige, alors les professeurs et animateurs ont recours à un plan « B » : nous occuper avec des activités de classe verte.

Je découvre le tir à l'arc et la chasse au trésor. Je suis fière de voir que je suis plutôt douée pour ces deux activités, toutes nouvelles pour moi.

Ensuite, nous partons pour de longues randonnées et festoyons devant un feu de bois, tard le soir, en chantant des chansons qui me marquent encore : « on descend de la montagne », « petit garçon »… Les moments de l'enfance sont vraiment des moments importants de la vie.

Puis nous faisons du ski sur herbe, mais on a du mal à me trouver des chaussures : je possède de petits pieds et d'énormes mollets. Je me souviens combien je me sens mal pendant une heure à essayer toutes les chaussures possibles avec un moniteur. Taille 40 pour les mollets, 35 pour les pieds. Je finis par revêtir un 38 avec deux paires de chaussettes. Inutile de dire combien je semble cloche dans mes chaussures de ski trop grandes.

Afin de ne pas frustrer les élèves, les moniteurs nous emmènent en altitude pour trouver les pistes enneigées. Avec mes chaussures de géant, c'est la catastrophe : je suis sacrée reine de la chute. En fait, je tombe tout le temps, ce qui fait que je déteste définitivement le « plaisir » de la glisse.

Le soir, mes camarades de chambre écrivent des lettres qui résument leur merveilleux séjour à leur famille, surtout à leur maman. Moi, je ne sais pas quoi dire à ma mère. Je ne vais quand même pas lui écrire qu'elle me manque ! Et que je passe mon temps à avoir peur de tout ! Je finis quand même par lui envoyer une carte qu'elle ne lira sans doute pas puisqu'elle ne le sait pas.

Les jours et les nuits sont une éternité pour moi. Je m'ennuie vraiment mais je n'ai personne à qui me confier.

Le dernier jour, il commence à neiger et certains sont frustrés de ne pas pouvoir profiter de cette belle neige qui tombe en abondance, mais pas moi. Je suis heureuse de préparer mon sac pour le retour. Nous disons adieu en pleurant aux copains rencontrés pendant le séjour. Nous chantons « Ce n'est qu'un au revoir » et la tristesse me serre la gorge, même si je n'ai pas forcément noué d'amitiés. Tout adieu m'est difficile.

Dans la descente du bus, je guette avec impatience ma mère. Lorsque soudain elle apparaît parmi la foule de parents embrassant leurs enfants, vêtue de son chemisier à fleurs mal boutonné et de sa jupe plissée, coiffée de son foulard, on dirait une extra-terrestre. Mais je suis contente de la revoir et, le cœur battant la chamade, je m'avance vers elle, dans l'espoir d'un câlin. Froidement elle m'accueille en disant :

— Ah, te voilà.

Elle ne tend même pas la main pour prendre la mienne. Elle tourne aussitôt les talons et je la suis docilement, comme une ombre en peine.

*

Il faut dire que les choses ne sont pas faciles pour elle non plus. Au pays, elle passait ses journées à travailler dans les champs du matin au soir et il était rare qu'elle soit à la maison. C'est la campagne, la vie au grand air. Les forêts à perte de vue, les rivières qui coulent à flots, les animaux qui se promènent en liberté. Les voisines et amies avec qui discuter, ragoter et rire. À Castres, elle vit enfermée dans un appartement qui, à la longue, semble trop petit pour mon père et elle.

Elle brode à longueur de journée, son seul passe-temps. Elle est en total décalage par rapport à cette nouvelle vie : elle s'habille n'importe comment et il n'y a personne qui s'intéresse à elle. Moralement, c'est très dur, d'autant plus que mon père lui parle mal. Elle n'hésite pas à lui donner la répartie

En même temps, ils se mettent à boire et se battent souvent, sous l'emprise de l'alcool. Au début, nous y prêtons attention en essayant de les séparer, puis nous finissons par les laisser rouler par terre, dans un total désintéressement. Après quelques minutes de corps à corps, ils s'arrêtent, essoufflés, le ridicule a apaisé leur colère. Parfois, ma mère, comme une furie, me poursuit en criant jusqu'à ma chambre où je me réfugie sous le lit et, pour me déloger, elle empoigne le balai pour me chasser comme une ordure repoussante : ses yeux me lancent des éclairs de colère. Je me demande ce que j'ai pu faire pour qu'elle me traite ainsi.

Cela reste effrayant à voir, pour un enfant dont les parents représentent tout : ce sont des gens infaillibles, des dieux dignes d'admiration qui peuvent pallier toutes les difficultés... Mais ce ne sont que des êtres humains qui essaient d'être parents dans un monde qui n'est pas le leur. J'ignore comment ils tiennent et à quoi ils passent la plupart de leur temps lorsque nous sommes à l'école. Mais au fur et à mesure des années, ils se languissent du pays et vivent mal cet exil.

Mon père essaie de s'intégrer : il est embauché dans l'usine Renault située de l'autre côté de la ville.

Ma mère s'improvise femme au foyer : sa seule sortie est de venir me chercher à l'école. Elle attend avec impatience le week-end pour aller au marché qui se situe « en ville ». Au milieu de la place trône la statue de l'homme politique, Jean Jaurès, né dans cette ville et qui a donné son nom à la place. Elle me réveille à sept heures pour l'accompagner. Je râle en lui disant que c'est trop tôt, mais elle argue que si nous tardons, il sera trop tard. Elle sait qu'il me faut au moins une heure pour être prête...

Nous marchons longtemps avant d'y arriver. Le long des trottoirs qui zigzaguent et des routes qu'il faut traverser, la honte d'être des étrangères m'accompagne à chaque pas. Au-delà de cette sorte de malaise que je ne saurais expliquer, c'est la peur de parler, de bégayer, d'être jugée.

Ma mère pointe le doigt vers les légumes et les fruits qu'elle veut acheter, en montrant le nombre de doigts et en accompagnant de deux mots :

— Un kilo.

Elle a un petit accent aigu dont je me moque intérieurement. C'est méchant de ma part, mais mon père ne cesse de l'engueuler lorsqu'elle sort avec son foulard multicolore noué sur sa tête. C'est une tradition, ce foulard qui orne les têtes des femmes Hmong. C'est comme une seconde peau, ou comme un myope qui ne peut pas sortir sans ses lunettes.

— Tu n'as pas honte de sortir comme ça ! Arrête d'être aussi paysanne !

Il a honte d'elle et commence alors à lui sortir des mots méchants, et j'avoue que, moi aussi, j'ai honte de sortir avec elle. Maintenant que j'en sais un peu plus, je me crois plus intelligente. Or, je me trompe : je suis un peu plus cultivée, mais je suis une parfaite idiote de penser du mal d'elle.

En ville, il y a un magasin sur trois niveaux où on y vend de jolies choses : des vêtements, des foulards, des sacs, des friandises, des fruits et des légumes. Enfin, toutes sortes de choses qui me font envie et j'aime y traîner sans rien acheter. Cela me permet de rêver un petit peu…

Après plusieurs heures à traîner dans les rayons du magasin et les allées du marché, nous repartons les bras chargés de sacs plastiques. En plus de cela, ma mère a toujours son caddy qu'elle remplit à ras bord. Je ne m'intéresse pas du tout à ce qu'elle a acheté. Je sais juste que c'est lourd et cela ne m'enchante pas de devoir transporter ces sachets qui me lacèrent les doigts. Le retour est pareil que pour l'aller : le soleil implacable de l'été caniculaire brûle la peau et nous donne un peu de couleur qui cache notre jaune pâle.

*

Lorsqu'elle veut me faire du chantage, ma mère m'assène de sa phrase fétiche, pensant que cela aura un impact sur moi :
— Quand on retournera au pays...
C'est le signe de son mal du pays. Elle y croit tellement fort qu'à force d'y croire avec elle, je finis par la mépriser de vouloir me convaincre de ce retour impossible. Il n'y a plus d'espoir et son chantage ne peut plus fonctionner sur moi. Mais elle ne veut pas faillir à son rôle de mère et veut m'apprendre les rudiments de la vie pour devenir une bonne belle-fille :
— Viens que je t'apprenne à broder. Tu en auras besoin quand on retournera au pays...
Mais je refuse. Cela ne sert à rien de savoir broder aujourd'hui. Et je lui réponds :
— J'ai des devoirs.
À cela, elle n'a aucun argument pour contrer : mon père est totalement de mon côté. Enfin !
— Viens que je t'apprenne à faire cuire le riz. Il faut que tu saches car, quand on retournera au pays...
Alors elle m'explique les deux façons de faire : il faut laisser le riz tremper toute une journée dans une bassine. Puis on l'essore et on le met à cuire à la vapeur, dans une couscoussière, jusqu'à ce

que les grains de riz commencent à ramollir. On le laisse tremper quelques minutes dans l'eau chaude, puis on termine la cuisson à la vapeur en quelques minutes. L'autre méthode est plus simple : c'est celle qu'utilisent ceux qui ont oublié de tremper leur riz. Il suffit de le faire précuire dans une casserole pendant quelques minutes, jusqu'à ce que les grains soient moelleux, puis on termine la cuisson à la vapeur.

— Viens que je t'apprenne à piler le piment. Les plats sont meilleurs quand on a du piment, parce que, quand on retournera au pays…

Il faut mettre le piment dans un pilon en terre cuite, rajouter du glutamate et du sel puis écraser, broyer les petits bouts rouges qui commencent à dégager une odeur tellement forte que je me mets à tousser jusqu'aux larmes :

— Ne touche pas tes yeux ! Le piment, ça pique !

Mais je suis totalement hermétique à tout cela. Je fais tout pour écarter les différences. Je ne veux rien avoir affaire avec mon origine. Je ne veux pas parler Hmong, surtout en public. J'ai honte d'être une étrangère. Je dois m'intégrer, coûte que coûte…

Seulement, je ne peux pas faire un pas sans ma mère. Elle me sollicite pour l'accompagner partout. Le printemps, elle m'emmène ramasser des plantes sauvages qu'elle a repérées non loin de là. Elle les appelle « *zaub iab*[24] ». Il s'agit d'une mauvaise herbe qui pousse sur les butes de terre. Il faut cueillir les bouts tendres et éviter de les ramasser lorsque la plante a trop vieilli et qu'elle commence à donner des

---

24 *Zaub iab*, se prononce *jao ia* : signifie « légume amer ».

fruits. Ma mère en fait un bouillon qui donne un goût amer.

Puis il y a aussi une plante grimpante qui pousse dans les broussailles ou les ronces. Elle ressemble à la plante de la courgette, avec des boucles et des fleurs blanches. Il faut prendre les bouts, les émincer, les mélanger avec des œufs à cuire en omelette. Cela a le goût de noisette. Mais il ne faut pas la manger lorsqu'elle donne des fruits noirs. Elle devient toxique.

Ensuite, ma mère me traîne à l'église du quartier tous les dimanches. Au début, les gens se retournent, non sans discrétion, mais ne font aucun commentaire. La messe est longue et insignifiante pour elle et pour moi, mais il paraît que mon père veut se convertir au catholicisme, car il laisse son autel de chaman discrètement derrière un rideau et c'est ma mère qui le représente à l'église, pour montrer sa volonté de croire en dieu.

Je demeure à côté d'elle, écoute sans rien comprendre, observe pour faire le signe de croix et lorsque vient le moment de « donner la paix[25] » à son voisin, je suis au plus mal.

Nous hochons la tête en ayant un petit sourire, ça passe toujours. Puis, à la procession pour la Communion, nous demeurons presque toujours seules à notre banc, c'est curieux. Nous n'avons pas droit à

---

25 Donner la paix : avant la Communion, le Prêtre invite chaque paroissien à serrer la main de ses voisins en geste de fraternité.

l'hostie, va savoir pourquoi[26].

Cela dure quand même quelques semaines, mais ça n'a pas l'air de plaire au Bon Dieu, ou aux Esprits qui gravitent autour de mon père. Le voilà qui ressort ses gongs, ses cloches, ses cornes de buffles, son encens et sa coiffe rouge. Ses Esprits sont puissants. Ils veulent que mon père continue à les servir. La pratique du chamanisme n'est pas facile dans un pays peuplé d'incroyants.

En essayant de nous fondre dans la société française, nous devenons des incultes. J'ignore tout, des traditions françaises autant que les rituels et traditions Hmong. J'ai même trop honte de parler ma langue maternelle, en dehors de la famille, et entre frères et sœurs, nous n'utilisons que le français. Nous faisons peu d'efforts pour les rituels ancestraux qui consistent à se remémorer, à chaque nouvel an, nos morts en leur offrant un repas. Ou alors, à sacrifier les animaux, bœufs, cochons, poules… Il est vrai que plus l'animal est gros, plus c'est difficile de le faire dans l'appartement. Aussi, le poulet est la bête fétiche, lorsqu'il faut faire un sacrifice pour remercier les esprits.

Ma mère accompagne toujours mon père, dans son rituel. C'est elle qui installe sur l'autel le bol de riz avec au milieu un œuf cru, allume les encens, lui tend les cornes de buffles qu'il jette par terre pour connaître les réponses attendues lorsqu'il est en transe, et elle bat les gongs. Il psalmodie un chant incompréhensible,

---

26 Chez les catholiques, seuls les baptisés ont le droit de manger l'hostie, le corps du Christ.

parle dans un langage fait de mots et de sons. On n'en saisit pas le sens, mais cela signifie qu'il discute dur avec les esprits. La négociation peut durer plusieurs heures pendant lesquelles il danse en rond, grimpe sur un banc pour se jeter de là-haut, prend une bouchée d'eau, ou d'alcool, et la crache autour du malade lorsque celui-ci est présent…

Tout cela semble bien compliqué et je pense que je ne me trompe pas en disant qu'aucun de nous ne veut jamais avoir à le faire. Mais il paraît que dans notre famille, nous sommes chamans depuis des générations. Deux de mes tantes le sont, ainsi que mon père. S'il le faut, nous n'aurons pas le choix.

Un jour, les esprits choisiront l'un d'entre nous, le plus sensible et le plus réceptif et l'élu sera obligé de les servir, sous peine de maladies inexplicables et inguérissables. C'est comme cela qu'ils se manifestent depuis toujours.

## 5

Mes parents gardent le contact avec la famille qui est restée au pays, grâce à des enregistrements sur des cassettes audio. D'abord, ils glissent dans l'enveloppe quelques billets pour notre sœur Choua que je n'ai pas connue. C'est le deuxième enfant de la fratrie, après mon frère Guia. Lorsque nous avons quitté le Laos, elle était déjà mariée mais la famille de son mari n'a pas fui, alors elle est restée. Malheureusement son mari a été fait prisonnier par les Viet-Congs et il n'est jamais revenu. Choua a rejoint la Thaïlande, poursuivant notre trace. Sans nouvelle de son mari, elle a dû épouser un autre homme : c'est mieux, la survie à deux.

Même si elle est devenue mère, son deuxième époux a refusé de s'exiler. L'argent que mes parents lui envoient lui permet de vivre sans trop de difficultés.

Les tantes et les oncles attendent patiemment leurs visas pour les États-Unis et les nouvelles de France sont les bienvenues. Personne ne sait lire et écrire, alors la cassette sert plusieurs fois. Après que les larmes de ma mère leur soient parvenues, mes tantes et ma sœur lui renvoient la cassette avec les leurs. On se mouche, l'émotion est palpable. C'est tellement difficile d'être séparés par des milliers de kilomètres et de se dire que plus jamais sans doute, ils ne se reverront... C'est tellement inimaginable, cette détresse que vivent les adultes en ces moments d'exil. Puis ma mère apprend que l'argent ne parvient pas à destination, alors elle enroule les billets qu'elle met à l'intérieur des cassettes...

Un jour, c'est l'euphorie. En rentrant de l'école, j'apprends que mon frère Blia, que tout le monde croyait mort dans la forêt, est vivant.

Comment est-ce possible ? C'est un miracle !

À force de demander des nouvelles, des amis de mon père ont entendu parler d'un jeune homme, sans famille, qui ressemblerait à la description faite de Blia, et qui vivrait dans un village. Il est marié et est papa d'une petite fille.

C'est bien lui, la preuve est enfin faite. On lui a glissé un message codé l'informant que sa famille est vivante et vit en France. Le jour de la fausse attaque qui nous a fait fuir dans la forêt, il a cru que nous étions tous morts. Alors, il a couru le plus loin possible, s'est caché pendant des jours, dans les cimetières, craignant plus les hommes que les revenants. Puis il s'est rangé au côté des Hmong « communistes » pour avoir la vie sauve.

Mes parents souhaitent qu'il nous rejoigne, mais c'est à lui de faire le choix. Il faudrait qu'il quitte tout pour venir seul, sans cela, ce serait impossible. Pour mon frère, il n'y a pas d'hésitation : il décide de nous rejoindre. Mon père tient à garder sa tribu autour de lui. Sa grande déception est de ne pas avoir pu faire venir notre sœur Choua qui mourut quelques années plus tard d'une hémorragie interne, lors d'une grossesse.

— Si elle était ici, elle serait vivante, dit-il furieux contre son beau-fils !

Blia s'intègre rapidement. Pheng et lui sont de jeunes adultes pleins de courage. Ils savent, plus que tout le monde, combien il est important de trouver rapidement sa place en France. Les parents comptent sur eux pour nous éduquer et subvenir à nos besoins. Tous deux ne tardent pas à se trouver des épouses et quittent la Tour. Blia part vivre avec son épouse Kia dans un petit village situé dans la Montagne Noire et Pheng part vivre en Région Parisienne avec sa femme Marie et leurs filles Caurlhye et Caurnhoue.

Ma sœur Zeu prend le relais pour les papiers et les déplacements ; c'est elle qui nous emmène au supermarché Mammouth situé sur la route de Mazamet. Quelle joie de pouvoir sortir de notre quartier !

Avec sa petite Peugeot 104 orange, elle nous emmène faire des promenades au Sidobre, un lieu où la nature a sculpté des rochers sous différentes formes, puis pique-niquer au bord d'une rivière, affluent de l'Agout[27]. On accède au petit cours d'eau par un chemin caché par des feuillages. L'eau claire chante sur les cailloux où se cachent des crabes. Nous observons avec amusement les petits poissons nager à contre-courant. C'est un endroit paisible, agréable, loin de la civilisation. Seul l'écho des voitures au loin

---

27 L'Agout : rivière qui traverse Castres.

nous indique que nous sommes dans un pays libre.

Nous partons aussi visiter nos cousins à Clermont-Ferrand, l'occasion pour moi de découvrir que je suis malade en voiture. Pour arriver au chef-lieu de l'Auvergne nous empruntons des routes à lacets interminables. Je remplis quelques sachets de vomi dont la vue me rend encore plus malade…

Comme beaucoup de familles Hmong, ma tante Gua-Ning et mes cousins vivent tous dans des immeubles. C'est avec eux que nous avons marché dans la forêt. Mais ils n'en parlent pas ; pourquoi raviver des douloureux souvenirs ? Ne sommes-nous pas bien ainsi ?

On ose un peu de tourisme en montant au sommet du Puy-de-Dôme, encore par une route sinueuse. De là, on domine tous les environs et le regard se perd à l'horizon, entre monts et vallées, c'est vraiment vertigineux.

Et cela rappelle les montagnes du Laos…

# 6

La famille s'agrandit chaque année, ce qui nous rend moins nostalgique. En tout cas, plus personne ne parle du pays, trop heureux d'être réunis. Nous sommes maintenant dix-sept. Les premiers nés en France donnent de la joie et de l'espoir aux plus anciens. L'arrivée d'autres populations asiatiques nous fait sentir moins étrangers, même si la plupart des familles est installée dans le quartier du Petit Train.

Comme les grands conduisent, nous arrivons à nous retrouver de temps en temps pour de grands repas.

Maintenant, nous faisons un peu partie du paysage et les habitants du quartier semblent nous avoir adoptés.

En cette année 1984, mes parents décident d'aller là-où se trouvent les aînés, partis chercher du travail dans la Région Parisienne. Au début, ce sont les hommes qui partent en premier. Ils s'installent dans la famille déjà en place et recherchent inlassablement un poste fixe. Ils prennent n'importe quel travail. Tout ce qu'ils savent faire, c'est avec leurs mains : alors ils finissent tourneurs, chauffeurs de taxi, livreurs de ciment, ouvriers dans les usines de conditionnement d'échalotes, laveurs de voiture… Lorsque c'est chose faite, ils prennent un appartement, puis reviennent chercher leurs familles. Ils louent un camion qu'ils chargent jusqu'au plafond. Il n'y a pas grand-chose à emporter, mais le camion sert pour déménager plusieurs familles. Ceux qui conduisent suivent en voiture avec toute la maisonnée.

Mon frère Pheng nous accueille à Draveil, dans l'Essonne. Nous nous retrouvons à douze dans leur petit appartement situé dans un quartier appelé « Les Bergeries », au rez-de-chaussée. L'endroit n'est pas laid : chaque immeuble est posé sur une pelouse où poussent de jolis arbres aux larges feuillages. Nous pénétrons dans l'immeuble, un après-midi. C'est désert : pas de curieux autour de nous. Et c'est tant mieux : je crains tellement de croiser des voisins, cela serait terrible de voir dans leurs yeux des regards interrogateurs et jugeant.

Deux garçons dorment dans une chambre, tandis que le salon est coupé par une cloison pour le troisième ; ma sœur et moi avons une chambre ainsi que nos parents. Le jeune couple et leurs trois enfants sont dans une chambre.

Nous avons peu de choses à installer, hormis quelques vêtements. Dans la région parisienne, l'anonymat nous sauve du racisme dont nous avons souvent été victimes et que nous n'évoquions jamais. Ici, c'est tout juste si on nous remarque, d'autant plus que nous avons gardé notre discrétion apprise à Castres pendant près de sept ans.

Les grands se sont occupés de tous nos papiers. Ils nous ont inscrits à l'école la plus proche. Pour moi, c'est le collège Alphonse Daudet, à bien deux kilomètres de la cité.

Il faut passer par une ruelle étroite entre les maisons, dissimulée aux yeux de tous. Si on ne connaît pas le chemin, on est obligé de faire un grand détour. En voyant une foule d'adolescents converger vers les haies qui bordent deux maisons, j'aperçois bien cette ruelle qui me fait économiser quelques minutes précieuses. Elle mène vers une résidence pavillonnaire. En suivant la route, on aboutit à une autre route perpendiculaire qu'il faut traverser pour atteindre le trottoir du collège qui jouxte un gymnase. Ensemble, ils font face à des maisons.

En proie à une forte crise de l'adolescence, chose taboue dans la famille, je grossis de tous les côtés. Pour cacher mes rondeurs, je me pare de vêtements larges et amples qui me font ressembler à un sumo. Je fais l'objet de railleries d'un garçon roux, couverts de taches de rousseurs. Il m'attend presque tous les matins, peu avant l'entrée du collège, pour m'insulter et me couvrir de honte. Quelques fois, je fais un détour de vingt minutes derrière le collège en longeant le gymnase pour rejoindre la route que j'emprunte pour rentrer. Quelle galère ! Mais c'est toujours mieux que d'affronter ses insultes.

Un matin, je décide d'aller à l'école à vélo. Mais comme je suis très petite, mes pieds touchent à peine les pédales, alors, je pédale debout. De retour pour déjeuner, au détour d'un virage en légère pente, j'essaie d'éviter les camarades qui marchent sur la route. Je fais un vol plané et explose mon nez sur le muret de la maison d'en face. Je rentre ensanglantée à l'appartement et reçois toutes les engueulades de ma famille. Ma mère, en me soignant, me dit :

— Te voilà bien amochée ! Toi qui n'es pas belle, tu l'es encore moins maintenant !

Je me suis mise à pleurer, j'aurais besoin de plus de compassion… Après manger, je retourne à l'école à pied, un pansement sur le nez, et je n'ai même pas droit à la radio pour vérifier si rien n'est cassé. C'est déjà trop de bêtises de ma part.

Mon frère Pheng et sa femme travaillent durement et personne n'a le temps de s'occuper d'une adolescente mal dans sa peau. Tous les matins, je les vois partir et revenir à la fin de la journée, exténués. Ma mère et moi gardons leurs petites. Le soir, il faut faire à manger pour douze personnes ! Ce n'est vraiment pas évident. Il n'y a pas d'intimité, même si chacun fait de son mieux pour que tout se passe sans problème. Il y a toujours du monde dans les pièces communes. Il faut faire la queue devant la salle de bain sans fenêtre.

La salle à manger est la pièce centrale : on y passe pour aller dans la chambre de Kou et dans la cuisine, puis dans le couloir qui mène vers la salle de bain et les chambres, l'unique endroit où on peut être seul. On s'y dispute souvent. Vivre ensemble n'est pas simple. Chacun a son propre caractère : certains aiment le calme plus que d'autres. Ceux qui ont des devoirs à faire ne supportent pas la musique d'adolescents nostalgiques… Les disputes sont fréquentes et seuls les parents peuvent nous départager en nous donnant un « *khauj tsiav*[28] ».

Mon père, ne trouvant pas de travail, abandonne définitivement la conduite : les routes sont étroites et les gens conduisent n'importe comment. Ce sont les grands, encore, qui nous véhiculent.

Ma sœur Zeu vient de trouver un travail de couturière dans une société de confection de housses pour canapés. Elle excelle dans ce métier. Beaucoup de femmes Hmong qui travaillent, exercent dans cette branche. Grâce à cet emploi, elle bénéficie du 1% patronal et obtient notre premier appartement situé au 6 allée du Plateau des Glières, à l'opposé des Bergeries, dans la cité Brossolette. C'est la fête ! Enfin, la vie va peut-être s'améliorer. On commençait vraiment à étouffer : combien de temps aurions-nous encore pu vivre dans ces conditions ?

Le nouvel appartement est au rez-de-chaussée, dans l'immeuble de la loge du gardien. C'est un couple d'une trentaine d'années : l'homme est grand et brun, la femme petite et blonde. Ils ont un chien, un berger Allemand dont j'ai un peu peur. Nous les fréquentons très peu : c'est juste « bonjour » et « au revoir ». C'est d'ailleurs comme ça tout le temps. Nous restons entre nous car nous ne savons pas trop comment nous comporter avec les autres.

L'appartement comprend deux chambres et un

---

28 *Khauj tsiav*, se prononce *kao tchia* : signifie tape sur la tête (avec l'index et le majeur repliés). C'est une punition équivalente à la fessée, douloureuse et humiliante. Toucher la tête d'un Hmong est un signe d'irrespect total.

grand salon-salle à manger que les hommes séparent par une cloison pour en faire une troisième chambre. C'est là que dort ma sœur ; les trois garçons dorment ensemble et je dors dans la chambre de mes parents. Là, ils me font une petite place pour une bibliothèque, mon bureau, mon lit et une étagère pour mes vêtements. Le centre de l'appartement, le salon, est un lieu de vie où s'installent mon père pour regarder la télévision, et ma mère pour ses broderies. Elle confectionne des dessus de lits et des taies d'oreillers que vient récupérer une association qui se charge de faire connaître l'art Hmong.

Nous sortons aussi très peu. Notre père nous l'interdit. Pendant les grandes vacances seulement, je suis autorisée à aller jouer avec mes frères derrière l'immeuble où le terrain est goudronné. Nous jouons au tennis et au badminton. Nous sommes aussi abonnés au Club Dorothée et aux dessins animés de Tex Avery. Pendant les jours de pluie, c'est le scrabble, les cartes, le baccalauréat et les chamailleries. L'étroitesse du petit salon rend nerveux : nous parlons peu, n'avons pas de sujets de conversation. Chacun vit dans son petit monde.

Mon père veille à ce que tout soit en règle : les impôts, la déclaration de revenus, les papiers d'identité, la sécurité sociale et la carte de réfugié politique, ainsi que la carte de séjour. Il faut s'armer de patience pour toutes les paperasses exigées par l'administration. Nous avons souvent recours au service de l'assistance sociale de la mairie où ma mère et moi faisons la queue pour toute la famille. Quelle corvée ! J'ai toujours honte lorsqu'on va la voir ou qu'on va faire la queue à la sécurité sociale, et pire encore à la CAF pour leur fournir des justificatifs de notre situation. J'ai l'impression qu'on va mendier ! Quelle dépendance ! Quelle humiliation ! Les hommes sont plus malins de laisser les femmes faire la queue pour ce genre de quête.

Une fois par mois, lorsque toutes les factures sont payées, j'accompagne mes parents acheter la viande à Novoviande sur la Nationale 7, à Viry-Châtillon. Ils achètent la viande en grande quantité : poitrine de porc fumée, poulets, saucissons secs… Ma mère et moi passons quelques heures, de retour à l'appartement, à les découper et à les mettre dans des sachets plastiques que ma mère garde des précédentes congélations. Elle ne jette rien. Elle a tant manqué qu'elle garde le moindre sac plastique, le moindre bout de tissu, le moindre bout de fil pour de futures hypothétiques utilisations. Si mon père n'a jamais retravaillé, ma mère commence un travail à domicile. On installe dans le petit hall d'entrée, où il y a un renfoncement qui servait de stockage de chaussures, une machine à coudre industrielle.

Elle confectionne des accessoires de mode pour cheveux. La machine à coudre fonctionne jusqu'à vingt-deux heures au moins. Mais elle ne s'arrête pas pour autant ; il faut terminer le travail car la livraison est prévue pour le lendemain. Alors mon père et moi nous y mettons aussi. Il s'agit d'habiller les serre-têtes : pour cela, on introduit le serre-tête dans la housse que ma mère vient de coudre. Il nous arrive de travailler jusqu'à deux heures du matin.

Cela lui donne un revenu qu'elle est fière d'obtenir.

Velours, coton, matières synthétiques, fils rouges, noirs, verts, bleus… parsèment leurs résidus pendant longtemps dans tout l'appartement. Ma mère redouble d'effort pour des gains plus importants, puisqu'elle est payée à la pièce, et déleste les tâches ménagères à mon attention. Débarrasser et nettoyer la table, laver la vaisselle, balayer… Il est tard lorsque je m'installe à mon bureau, coincé entre le lit parental et la commode de ma mère.

Contrainte de rendre mes devoirs que je fais toujours au dernier moment, je m'endors souvent sur mes cahiers et mes livres de classe. Même s'il est scotché à la télévision, je sens que l'ombre de mon père me surveille tandis que je noircis mes feuilles avec lassitude. Les mots dansent sous mes yeux mais me traversent, sans laisser de traces, ou coulent sur moi comme si j'étais imperméable. Je ne retiens plus rien et m'écroule souvent sur le bureau. Le lendemain, sept heures sonne déjà et encore ensommeillée, je m'habille comme une automate pour aller prendre le bus à deux rues de là, vers Intermarché. Il arrive que le bus passe sans s'arrêter, car lui aussi, doit être en retard. J'agite alors inutilement les bras puis retourne à l'appartement où mon père me passe un savon avant qu'un grand frère me dépose en vitesse au Lycée de Montgeron.

Évidemment, le lycée est fermé. Je suis obligée de faire le tour par l'autre entrée située Avenue de la République.

Le lycée, situé dans un parc, est immense. Des arbres forment des lignes le long des chemins boueux en temps de pluie, et jonchés de feuilles en automne. Lors des pauses, je m'installe avec quelques camarades dans un coin discret pour les écouter me raconter leur vie faite de choses injustes dont elles sont victimes, de désirs de quitter le foyer familial, de l'incompréhension de leurs besoins… Je mesure combien je suis en décalage avec les adolescentes que je fréquente. Ma vie est tellement différente : je suis bien sage, obéissant aux adultes qui subviennent à mes besoins de première nécessité. Mais est-ce que, comme elles, j'ai des désirs, des rêves et des envies ?

Je n'ai pas réfléchi à la question. Tout comme mes frères et sœurs, je suis comme une automate, en train d'essayer de prouver que je mérite d'avoir survécu aux épreuves que nous avons traversé ensemble. Il faut continuer son intégration par la réussite qui symbolise une sorte de revanche sur le sort : je suis conditionnée ainsi depuis toute petite. Et en dehors de la maison, je ne veux rien devoir à personne. C'est comme si je refusais de me lier à quiconque, toujours prête à partir et rester libre de toute amitié durable.

Le soir venu, le bus me ramène à l'appartement où, dès 18h30, ma mère et moi commençons à préparer le dîner. Devant une télévision allumée, les repas, composés de viandes à la friture, ou en bouillon accompagnés de riz, sont vite avalés, les regards fixés sur l'écran. En général, on ne parle pas lorsqu'on a les yeux captivés par des images, les oreilles tendues vers le son trop fort et la bouche pleine.

Mon père laisse toujours tomber des miettes et du riz entre ses jambes. Après chaque repas, il les ramasse lorsqu'il peut, et je balaie le reste. Ma mère s'installe toujours la dernière, à côté de mon père ; peut-être une habitude qu'elle a gardé du pays : être attablée lorsque tout le monde a déjà fini de manger. Cette fois, je prends le relais. Il y a toujours un dernier truc à ramener de la cuisine, alors, je suis la dernière à manger. Mais nulle crainte, il y a toujours des restes. En tout cas, c'est toujours le repas du pauvre, des petites gens. Quand on a manqué, c'est pour toute sa vie – rien ne pourra compenser ce vide.

# 7

Ma sœur Zeu fréquente depuis quelque temps un homme qui habite à Grigny. Il est déjà marié deux fois et père de cinq enfants. Elle tombe amoureuse de lui et, au fur et à mesure que le temps passe, un mariage se précise.

Il obtient l'approbation de mon père et demande un prêt à sa famille, afin de pouvoir se présenter dignement devant mes parents. Malheureusement, sur le chemin, il oublie qu'il a déposé l'argent sur le toit de sa voiture et ne s'en aperçoit qu'une fois à la cité Brossolette. C'est un peu contrariant, mais le mariage se fait quand même. Mes parents ne sont pas des gens difficiles. Ils nous ont inculqué l'honnêteté, le respect et surtout, ne jamais profiter du malheur des autres.

Elle quitte le foyer familial. Je pense que ma mère est inquiète mais heureuse que sa fille se trouve enfin un mari. Les chambres sont redistribuées en conséquence. C'est mon frère Kou qui occupe la chambre « du salon ». Soudain, le poids de la famille pèse lourd sur ses épaules : le voilà seul maintenant, à ramener un revenu pour le foyer. Cela lui semble impossible de subvenir aux besoins de toute la famille: payer les factures, le loyer, les taxes. Son salaire de manœuvre, rajouté aux aides sociales, sont justes : la bourse paye les vêtements et les fournitures scolaires, l'APL une partie du loyer, et les allocations familiales, la nourriture... La vie est toujours aussi difficile.

Heureusement, même s'ils ont fait leur vie, les grands sont toujours présents. Mon frère Guia et sa famille, ainsi que ma sœur Nadia, habitent les Tarterêts, un quartier qui n'a pas une très bonne réputation. Le centre commercial qui est au cœur de la cité est souvent cambriolé ou vandalisé. Les habitants vivent dans la crainte, dès lors que les bandes rivales se constituent pour « faire la guerre » aux autres quartiers chauds des autres villes, comme Grigny, la Grande Borne, ou les Pyramides d'Évry.

Mais les familles restent dans leurs appartements et ils ne rencontrent pas de problèmes majeurs.

Mon frère Guia a deux garçons et ma sœur Nadia a trois garçons et une fille. Zeu ne tarde pas à donner naissance à une petite fille aux joues rondes.

Ils comptent sur les petits pour faire de longues études afin de ne pas finir ouvrier comme eux. C'est tellement difficile de travailler toute la journée et de ne jamais se plaindre de leurs collègues ou supérieurs, parfois hautains et méprisants... Mais ils ne se posent pas de questions : il faut travailler pour subvenir aux besoins de la famille. Alors, ils le font, trop heureux d'ailleurs d'avoir la chance d'avoir un travail.

Seulement, dans ma tête, je suis prête pour rejoindre le monde actif aussi. Comme les études sont difficiles, je ne me vois pas étudier tous les soirs après les tâches ménagères... J'attends donc avec impatience l'année du baccalauréat pour enfin tourner la page sur l'école. De toute façon, je ne sais pas quel métier je souhaite exercer. Je ne sais pas coudre, je suis maladroite de mes mains et le baccalauréat que j'ai choisi me mène directement dans le monde du travail. C'est le Bac G1 secrétariat. En terminale, le prof de gestion ne se gêne pas pour dire aux filles, en désignant les garçons :

— Vous serez leurs secrétaires !

Je n'ai pas aimé cette remarque sexiste. Et même si c'est vrai, un professeur se doit d'être impartial. Je le fusille des yeux. Mais cela ne sert à rien. À l'époque, les professeurs avaient un peu plus de pouvoir que maintenant. Personne n'osait les contredire…

Pendant que je me débats dans ma dernière année de lycée, mon frère Blia s'achète une petite maison à Savigny-le-Temple, en Seine et Marne. C'est un champ où ont poussé de nombreuses petites maisons de ville où de jeunes couples accèdent à la propriété en s'endettant pour des taux avoisinant les 18%. La ville a la volonté de réduire les différences sociales en développant des zones pavillonnaires pour offrir aux classes moyennes la possibilité de devenir propriétaire à « petit prix ». On construit des terrains de football, des piscines et on aménage des espaces verts autour d'étangs de rétention d'eaux où sont lâchés les poissons.

Aussitôt, mon frère achète un permis de pêche qu'il offre à mon père. Nous mangeons enfin d'autres viandes que du porc et du poulet. Ma mère s'empresse rapidement de m'apprendre à vider les poissons et à les écailler. Quelle corvée ! Prendre un couteau très coupant, ouvrir le poisson, le vider de ses viscères… Le plus dur, c'est de lui couper la tête. Pas très douée, je m'y reprends à plusieurs fois. Pauvre bête, heureusement qu'elle est morte !

Mes deux sœurs et mon frère Pheng deviennent aussi propriétaires. Après tout, même si les taux de crédit immobilier sont élevés, pourquoi se priver d'acheter ? Mon père dit toujours :

— Il vaut mieux avoir une maison, se priver du moment qu'on peut payer ses factures. Être locataire, c'est jeter l'argent par la fenêtre ! Achetez quand vous pouvez, comme ça, on ne pourra jamais vous mettre à la porte de votre logement.

Ils acquièrent en même temps leurs maisons à Saint-Germain-lès-Corbeil, une commune à la réputation un peu bourgeoise, située sur la rive droite de la Seine, dans les hauteurs de Corbeil-Essonnes. Là aussi, il s'agit d'immenses champs transformés en habitations.

Les maisons sont modernes. Ils ont même le droit de choisir le carrelage du rez-de-chaussée et les moquettes à l'étage. Ce sont des moments de concrétisation pour de petites paysannes et petits paysans venus d'un pays lointain, de devenir propriétaire d'un petit bout de la France… Toute la famille s'ouvre un peu plus vers l'extérieur. Ma sœur et son époux ont une maison à l'entrée de leur lotissement. Ils ne peuvent choisir l'emplacement de leur maison, ni acheter plus grand pour leur petit budget. Et cependant, le hasard semble bien faire les choses : ils nouent rapidement des liens d'amitié très forts avec leurs voisins, tous de jeunes parents comme eux. Les enfants vont à la même école, commencent à fréquenter les nouveaux « bobos » de leurs quartiers. C'est un nouveau commencement autour d'une autre façon de vivre : entretenir le jardin, faire les repas familiaux dans une grande salle à manger, l'été autour d'un barbecue.

Cela rassure bien les parents, de voir leurs aînés montrer le chemin aux plus jeunes. Ils sont certains que les petits feront comme les grands, ainsi vont toujours les choses, naturellement. La nouvelle génération ne connaîtra pas la « cité » comme nous.

*

Je passe mon baccalauréat avec succès, sans mention, cela m'est égal. Mes frères désapprouvent avec grand bruit lorsque je m'inscris à l'ANPE[29] afin de travailler. Mon père ne dit rien, mais il est d'accord avec ses fils. Dans la famille, les grands ont toujours éduqué les petits, et surtout lorsqu'on est une fille, ils ont encore plus leur mot à dire.

— Si on avait su, on t'aurait forcé à continuer, disent-ils sur un ton de reproche !

J'ai décidé d'arrêter les études sans leur dire. De toute façon, c'est trop tard ! J'obtiens déjà mon premier travail en tant qu'intérimaire.

Ils n'insistent pas, puisque je suis la première à

---

29 ANPE : Agence Nationale pour l'Emploi qui deviendra Pôle Emploi et France Travail par la suite.

obtenir mon bac. Mon frère Zo, ayant redoublé une année, ne passera son bac que l'année prochaine. Lui et Yen décident de faire des études et ne déçoivent pas notre père.

Tant mieux car je savoure enfin ma liberté. Je m'aperçois rapidement qu'avec un bac, on ne peut pas faire grand-chose. Alors, je décide de faire une formation : on étudie dans le monde des adultes et en plus, on est payé par l'ANPE !

Dans quelques jours, j'ai vingt ans et j'ai l'intention de les fêter en famille, un beau repas rien que pour moi. Surtout que j'ai mon propre salaire, maintenant. Avec l'aide de ma sœur Zeu, nous achetons tous les ingrédients une semaine avant le repas car nous allons fêter mon anniversaire chez elle. Exceptionnellement, ce week-end, mon père me laisse dormir chez ma sœur. Je n'y crois pas ! Mais c'était trop beau pour être vrai : comme à son habitude, au dernier moment, il change d'avis et envoie mon frère Kou me chercher. Il est huit heures du soir.

Pour le dîner, ma sœur et moi cuisinons des nems, un plat qui fait le régal de tout le monde. Après en avoir avalé rapidement quelques-uns, mon beau-frère et deux de ses enfants partent à Grigny dans sa belle voiture sportive rouge. Je vois que ma sœur n'est pas très contente de le voir partir : encore une fois elle va passer sa soirée seule. Nous entendons dix minutes après les sirènes du SAMU, puis mon frère arrive et nous rentrons par la route de Corbeil.

Dans la nuit, le téléphone sonne longtemps, comme dans un rêve et ne parvient pas à me tirer du sommeil. Mais lorsque j'entends mon frère Kou pleurer, je sursaute et comprends qu'un malheur est arrivé. Mon beau-frère Deng est mort, dans un accident de voiture, à quelques mètres de chez lui, sur l'autre route, celle qui mène vers la Francilienne, la même route qu'on aurait dû prendre pour rentrer à Draveil ; les sirènes du SAMU, c'était pour lui... Il a perdu le contrôle de sa voiture, dans la descente de la route, sa voiture a percuté une voiture venant d'en face et s'est encastrée dans le petit muret. Il a fallu le désincarcérer... Les détails nous donnent froid dans le dos et nous mortifient dans notre propre chair. Les enfants sont vivants, mais l'un d'eux est gravement blessé. Nous sommes anéantis et choqués par cette mort violente et soudaine. Le monde s'écroule autour de nous.

C'est notre premier mort ici et elle nous ramène à la difficile réalité de la vie. Nous ne sommes rien et nous pouvons tout perdre du jour au lendemain. Les obsèques se déroulent dans la maison qu'il était si fier de posséder. Son cercueil est disposé près de la fenêtre de la salle à manger, côté jardin. La maison est remplie de monde. On parle, on accuse la veuve de n'avoir pas su le retenir, on se raconte l'accident, on pleure...

Ma sœur, jeune veuve de trente ans, reste digne, mais tous s'interrogent sur son devenir. Une femme Hmong, lorsqu'elle est mariée, appartient à la famille du mari... Que va-t-on faire d'elle ? Faut-il qu'elle vende la maison et parte vivre ailleurs ? Mais chez qui ? Comment vivre après cette tragédie ?

Ma sœur est une femme courageuse. Comme elle a épousé un homme du clan Vang, traditionnellement, la famille Vang devrait lui proposer un époux de leur clan. Mais ils n'ont personne et de toute manière, cela ne serait pas possible pour ma sœur. Cette tradition ne peut pas se perpétuer en France. Comment devenir l'épouse d'un beau-frère ? C'est quelque chose d'inimaginable. Elle décide de continuer à vivre dans la maison. Il y a la famille à côté si besoin et les voisins sont d'un soutien exceptionnel. Afin de lui tenir compagnie, après l'enterrement, mes parents m'ordonnent d'aller vivre avec elle.

Une fois la maison vidée des invités des funérailles, le froid et le silence s'installent entre nous. La nuit, ma sœur et moi dormons dans l'autre chambre, serrée l'une contre l'autre et il m'est difficile de me lever pour aller aux toilettes la nuit. Chaque endroit est imprégné de la présence de mon beau-frère… Entre une peur irraisonnée et le manque, nous nous accrochons l'une à l'autre comme deux petits moineaux meurtris et apeurés.

Le printemps nous ramène les beaux jours et les multiples fleurs qu'il a plantées, dès son arrivée dans cette maison, exposent leurs pétales en une explosion de mille couleurs et nous versons d'amères larmes de tristesse.

*

À l'appartement de Draveil, les choses changent doucement. Mon frère Kou commence à fréquenter une jeune fille qui habite à Rennes. Il fait des allers retours tous les week-ends avant de finir par lui demander sa main.

Elle s'installe à Draveil. J'ignore comment sont distribuées de nouveau les chambres. Bientôt, elle donne naissance à un garçon. L'espace se réduit d'autant plus que ma mère, ayant pris de l'âge, commence à devenir un peu soupe au lait. Et puis, la cohabitation entre belle-mère et belle-fille n'a jamais fait bon ménage... Ils finissent par trouver un appartement à Evry où ils élèvent leurs quatre garçons, avant de faire l'achat de leur maison, comme les aînés.

Ma sœur et moi installons une routine de vie, entre femmes : ma sœur continue à travailler, ma nièce à aller à l'école et moi, encore en formation. La salle de classe est composée d'adultes qui veulent se professionnaliser ou se reconvertir.

À cette occasion, je fais la connaissance d'une jeune femme qui habite à Paris avec son ami. Nous sympathisons et ils m'invitent à passer un week-end en Normandie.

Je découvre pour la première fois la mer à vingt-et-un an, ou plutôt l'océan et dors loin de la famille. C'est une nouvelle vie qui commence, une nouvelle expression qui rentre dans mon langage et que j'utilise une fois par an : partir en vacances. Je me demande si un membre de ma famille sait ce que cela veut dire.

Depuis notre arrivée, nous ne sommes jamais partis en vacances, mais nous avons fait beaucoup de sorties avec les enfants. Les parents ont toujours économisé et les aînés font de même. Quand on a tellement souffert de la misère, on ne peut pas se permettre un instant de relâchement : on continue à économiser, en cas de coups durs. On peut tout perdre tellement facilement, aussi, pour limiter les dépenses, les grands nous emmènent pique-niquer autour du lac de Savigny-le-Temple ; au bout du lac se construit une piscine municipale et à côté, il y a un petit bois où nous allons ramasser les jonquilles et les muguets. On part à cinq ou six voitures remplis d'enfants qui ont quasiment le même âge. La forêt de Bréviandes est aussi notre lieu favori : on peut faire griller de la viande sur des barbecues spécialement installés par la municipalité.

On y transporte du charbon, les viandes marinées, le riz qu'on maintient chaud dans des glacières. Les enfants et les hommes ramassent des bouts de bois pour faire partir le feu. C'est le seul moment où les hommes sont aux fourneaux. Les femmes mettent les tables. L'espace est monopolisé et les usagers retardataires nous regardent d'un mauvais œil. La Forêt de Fontainebleau est aussi notre lieu de balade : on emmène nos plaids, nos tapis, nos chaises pliantes, le riz, le poulet cuit à l'eau, le piment...

Rares sont ceux qui s'octroient le loisir de partir l'été. Aussi, une année, ma sœur Zeu et moi décidons d'emmener nos parents en vacances à la mer, pour la première fois de leur vie. Nous partons à Arcachon dans un petit appartement que j'avais déjà loué l'année passée. Il est situé en face du port. Ma nièce

Pama est du voyage. Une vraie pipelette, un petit boute-en-train qui anime le séjour. Quelques visites, une balade en mer, des glaces à l'italienne, beaucoup de marche… Mon père pimente le séjour en ayant une crise de goutte. Ses pieds sont gonflés : on dirait deux méduses privées de leurs tentacules. Obligés de courir les médecins, et mon père de terminer les vacances, enfermé dans l'appartement, tandis que nous partons visiter la dune du Pilat.

Nous prenons quelques photographies dont une mémorable de mes parents, habillés, se tenant dans l'eau qui leur arrive aux genoux, frappés par une vague de l'Atlantique. Un souvenir que j'aurais aimé créer plus souvent… Mais quand on est enfant, on se laisse prendre en photo, et lorsqu'on est majeur, on a presque honte de poser à côté d'eux.

## 8

1991. Les parents commencent à vieillir : mon père a 62 ans et ma mère 56 ans. Mais ils paraissent plus âgés. Ils se sont usés à conduire leurs neuf enfants d'un pays où les paysans vivent comme au Moyen-Âge, à un pays moderne, puis à les intégrer à ce milieu où ils se sentent totalement en marge. Ils ne trouvent rien qui puisse leur donner l'illusion d'un retour possible au Laos, à présent.

Après toutes ces années, ils prétendent encore qu'ils ne comprennent pas le Français : en réalité, je soupçonne qu'ils font semblant, afin de mieux nous solliciter, une façon de demander notre présence. Souvent mon père répond :

— Moi pas compris, moi pas parler Frâncé.

Mais il comprend peut-être mieux que nous : il passe son temps à regarder la télévision. Le tour de France commenté en direct, les matchs de football, le tournoi Roland Garros ou Wimbledon... Il avale les informations sur TF1 et ne manque même pas les débats politiques qui feraient craquer n'importe qui, tant ils sont longs et incompréhensibles.

Maintenant, les choses s'inversent : les parents deviennent des enfants, et les enfants deviennent les parents. C'est peut-être la normalité, finalement. Ils dépendent de nous pour tout : les visites chez les médecins, les prises de sang, le supermarché… Pour le tiercé, mon père met son petit imperméable gris et il continue à longer le trottoir de l'avenue Henri Barbusse pour aller au tabac du petit centre commercial situé en face de l'Hôpital Dupuytren.

Quant à ma mère, elle a aussi son petit rituel : elle va à Intermarché s'acheter quelques futilités, histoire de sortir un peu des quatre murs de l'appartement. Elle est encore paniquée lorsqu'il y a un changement dans les rayonnages, car elle ne reconnaît plus les prix des produits, séparés de leurs couleurs d'emballage et d'emplacement. Pour cent francs, nous remplissons le caddie de choses que mon père qualifie d'inutiles. Mais ma mère a besoin de faire du stock pour ne pas manquer. Ils bougent peu, mangent beaucoup de "cochonneries", des bonbons krema, très sucrés.

Ils ne se sont jamais privés de ces gourmandises, depuis notre arrivée en France, alors, comme une bête sournoise, le diabète s'installe silencieusement dans le sang de ma mère. Elle doit vérifier son taux de glycémie trois fois par jour : elle s'enfonce une aiguille spéciale dans le bout du doigt et récolte une goutte de sang à l'aide d'une languette.

Celle-ci est introduite dans un lecteur qui prend la mesure. On note tout sur un cahier afin de montrer au médecin le sérieux de notre suivi. En fonction du résultat, elle se prive plus ou moins de manger sucré.

Mais, impossible pour elle de se priver de riz, et pourtant, il le faudrait.

À ce stade de la maladie, elle prend des cachets et peut encore se déplacer sans dépendance à l'insuline. Mais se priver de tout est difficile et la maladie prend le pas : maintenant elle a droit à l'insuline. L'injection se fait sous-cutané ; c'est le ventre qui possède la couche de graisse la plus adéquate pour recevoir la piqûre que ma mère refuse de se faire. Étant de retour à la maison, après un an chez ma sœur, je suis désignée d'office. Ce n'est pas difficile, et je me pose la question de savoir si je serais capable de me faire moi-même une telle piqûre...

Mon père ne peut pas laisser ma mère malade toute seule, il s'y met aussi : il est en proie à des coliques néphrétiques et finit à l'hôpital de Juvisy. Il nous montre fièrement les calculs qu'on a fait sortir de ses reins : gros comme une bille, noirs comme du jais. Il les garde dans le flacon que le médecin lui a donné, comme pour exorciser un sort que lui aurait jeté un esprit malin. Au Laos, dans notre coin, qui est bien loin maintenant, il paraît que des gens sont capables de « jeter des pierres[30] » à une personne qu'ils n'apprécient pas.

Puis il continue par un problème d'estomac. Fragilisé par les abus d'alcool, les médecins lui interdisent de consommer même le poivre...

Ils ont chacun un placard rempli de médicaments de toute sorte et la consommation doit avoisiner une poignée par prise. Ils comptent sur mon retour à la Cité Brossolette pour m'occuper d'eux. Mais, après un

---

30 *Tso pob zeb*, se prononce *tcho poa jé* : jeter un sort sous forme d'une pierre.

an de semi-liberté chez ma sœur, reprendre ma place au sein de la famille est difficile. À bientôt vingt-trois ans, j'ai enfin une chambre individuelle, celle au bout du salon où presque toute la fratrie a séjourné. La petite chambre ne tarde pas à devenir comme une prison où je rêve, en regardant par la fenêtre, d'être un petit oiseau pour m'envoler au loin…

Je convaincs mon père de me laisser partir en Grande-Bretagne pour apprendre l'Anglais. Sévère, mais au fait de toutes les actualités, il sait que parler Anglais ouvrirait des portes pour mon avenir professionnel. Quant à ma mère, elle voudrait me garder auprès d'elle en ces temps difficiles où la maladie est de plus en plus présente.

— Si tu t'en vas, qui va s'occuper de me faire des piqûres, me dit-elle ?

Elle ne peut pas se piquer toute seule et je la comprends ; je sais que je fais preuve, pour la première fois de ma vie, d'un égoïsme honteux.

À mon grand étonnement, mon père se porte candidat unique. En regardant sa main tremblante, tandis que je lui apprends à mettre l'insuline dans l'aiguille et à piquer le ventre de ma mère, je sens la culpabilité étreindre mon cœur. Mais, pour moi aussi, c'est difficile de rester.

Je pars donc pour Londres où je vis un nouvel exil, mais cette fois, volontaire. Cela change beaucoup de chose : un départ volontaire ou un départ forcé. Dans le premier cas, c'est un choix assumé et dans le deuxième cas, c'est un choix imposé, sans espoir de retour. Les enjeux ne sont pas les mêmes. Je me sens de nouveau très étrangère mais aussi très seule. Je comprends soudain ce que l'esprit familial veut dire. Être seul n'a pas de sens pour un Hmong qui doit vivre entouré de sa famille, et tenir compte du jugement de la communauté.

Pourtant, de retour en France, je n'accepte pas de rentrer dans les rangs en retournant dans la chambre au fond du salon qui, pendant mon absence, a été occupée par Zo. Quand on quitte ses parents, le milieu familial dans lequel on a grandi, c'est très compliqué de revenir. Ma décision de vivre chez ma sœur Zeu déçoit tout le monde. Personne ne me comprend : un enfant ne quitte sa famille que pour construire sa vie. Il faut qu'il soit marié. Alors, ma décision fait débat, mais ma mère se lève pour défendre mon choix, pour la première fois de sa vie. Je la regarde en pleurant et en me disant :

— Merci, *kuv niam*[31]. Tu vois que ta voix peut se faire entendre…

Je comprends à ce moment-là, l'amour qu'elle me porte. Et les longues années de silence, à ne jamais prendre la parole pour me défendre, ne comptent plus pour moi. Je sais que je la déçois beaucoup, et que je lui brise même le cœur. Mais il est clair que je l'abandonne, alors qu'elle commence à vieillir et que la maladie empire.

Puis-je trouver le bonheur et ma voie avec mes parents à ma charge ? Je ne me sens pas capable de les aider, comme les aînés nous ont aidés. Je crois que la vie occidentale m'a rendue trop égoïste.

---

31 *Kuv niam*, se prononce *kou nia* : signifie " maman "

Je m'installe donc comme une célibataire, chez ma sœur Zeu, pour vivre entre filles. Pour déculpabiliser, je parcours des kilomètres tous les week-ends entre Saint-Germain-lès-Corbeil et Draveil, afin de répondre à leurs demandes : médecins, spécialistes, papiers admnistratifs…

Cela me fait sentir utile, en même temps que cela me fait sentir plus libre de mes mouvements, même si je dois sans cesse continuer à rendre des comptes à mes parents à vingt-six ans.

*

C'est au tour de mon frère Zo de rencontrer l'amour. C'est une jeune fille du clan Moua qu'il rencontre à l'hypermarché Cora où il travaille comme vendeur dans le rayon informatique. Je suis nommée « *niam tais ntsuab*[32] ». Cela veut dire que je suis son chaperon pendant toute la cérémonie de demande en mariage qui a lieu chez ses parents qui habitent à Brunoy. C'est extrêmement difficile pour moi car je déteste dormir ailleurs que dans mon lit.

Pendant les négociations, le futur époux et les accompagnateurs doivent boire plusieurs verres d'alcool en promettant d'honorer leurs promesses de prendre soin de la mariée. Zo, qui ne supporte pas l'alcool, est complètement endormi dans la voiture et arrose les toilettes dès son retour, du contenu de son estomac. Ils s'installent dans l'appartement quelques

---

[32] *Niam tais ntsuab*, se prononce *nia taï djoua* : signifie « demoiselle d'honneur ».

mois avant de déménager à Évry.

Tous deux ont cinq garçons, dont le premier est mort d'une malformation de naissance.

**9**

Après plusieurs années d'attente dans les camps de réfugiés de Thaïlande, les sœurs, les cousins, les nièces et neveux de mon père se sont vu octroyer des visas pour les États-Unis. Ils vivent une vie plus facile que la nôtre. Les Américains ne parlent pas d'intégration, mais d'assimilation. Aussi, les Hmong sont reconnus comme d'anciens combattants de la guerre du Vietnam. Les plus âgés ont des pensions de retraite de l'armée, des commémorations ont lieu chaque année pour honorer la mémoire de la fin de cette guerre. Les Hmong Américains occupent de hautes fonctions dans l'administration publique, deviennent médecins, avocats, patrons de grandes sociétés…

Mes parents, à force de me voir seule, m'envoient avec mon frère Blia passer quelques semaines chez mes tantes au Minnesota dans le secret espoir de me trouver un époux. Je suis déjà une vieille fille, puisque les filles doivent être mariées en moyenne au plus tard à leur vingtième anniversaire. Je commence sans doute à leur faire honte…

Mon frère m'interdit tout déplacement : je dois rester chez mon cousin et je ne dois aller nulle part sans être accompagnée. L'été à Minneapolis est caniculaire ; l'extérieur est lourd de chaleur et l'intérieur est trop climatisé. Je fais la connaissance de mes tantes qui sont adorables. Mais l'Amérique ne m'a pas conquise et je passe mon temps à m'ennuyer et à servir de repas aux moustiques.

Aucun prétendant ne vient me rendre visite.

De toute manière, avant ce voyage, j'ai commencé, à correspondre avec un jeune homme que j'ai rencontré au cours de théâtre où je me suis inscrite afin de lutter contre ma timidité maladive.

C'est un rital, fils d'un Sicilien et d'une Auvergnate. Il s'appelle Jean-Giuseppe, mais tout le monde l'appelle Joseph. Je n'ai jamais pu m'intégrer à la communauté Hmong, alors ma famille n'est pas très surprise.

Travailler et vivre une semi-liberté me permet de me dévergonder. Je me dis « qui ne tente rien, n'a rien » et « il faut se lancer des petits défis pour apprendre à surpasser ses peurs », puis « le ridicule ne tue pas ». Alors, je me découvre des talents de philosophe, de psychologue, d'aventurière qui n'a pas peur d'affronter le monde.

Mon correspondant devient mon compagnon de sortie, puis mon amoureux, puis mon conjoint. Mais avant de nous installer ensemble, il est primordial de passer par une demande en mariage protocolaire lourde. Mes parents ne veulent pas compliquer la demande en mariage. J'ai déjà vingt-sept ans, je suis considérée comme une vieille fille, et en plus, j'épouse un étranger à la communauté.

Nous procédons par étape afin de suivre un semblant de protocole : une demande en mariage officielle, à peu près dans les règles de l'acceptable. Nous louons un petit appartement au dernier étage d'un immeuble qui borde l'Essonne à Corbeil-Essonnes, rue de Cullion... Nous avons droit à un petit bout du jardin pour un potager. Mon futur époux y réside jusqu'à la pseudo-demande de mariage que nous mettons en scène avec la bénédiction de ma famille.

Toute la famille se réunit dans la maison de mon frère Pheng, située à Saint-Germain-lès-Corbeil. Mon futur époux est très stressé : il se marie avec une fille qui vient d'une famille nombreuse, lui qui est fils unique, et en plus, c'est une fille qui appartient à une communauté à la cérémonie de mariage très compliquée. Lorsque la famille de mon futur époux et moi arrivons à la maison, c'est d'abord un immense choc pour ses parents et lui : il y a du monde partout ! Dans l'escalier, dans la cuisine, dans le jardin, dans le salon…

On se salue puis on installe les invités sur le canapé du salon, autour de la table basse. Puis c'est le silence total. La tension monte pour le marié quand soudain quelqu'un dit quelque chose au sujet de chats que consommeraient les Asiatiques. Et là, le marié grince des dents en comprenant que c'est sa mère qui vient de parler. Mais l'instant d'après, tout le monde s'esclaffe ce qui détend l'atmosphère pour de bon.

Les choses se passent plutôt bien : les délégués pour le mariage jouent le jeu de la simplicité et au bout de la journée, me voilà officiellement mariée !

Nous rentrons chez nous à Corbeil et, avant de passer la porte, Joseph tente de faire comme dans les séries romantiques en me faisant passer le seuil dans ses bras. Grosse erreur ! J'ai beaucoup grossi depuis l'Angleterre… Si bien que nous nous jetons sur le canapé, sous le regard attendri de ses parents.

Enfin libres de nos familles respectives, nous profitons de notre nid douillet et apprenons à vivre à deux sans difficulté.

C'est une expérience que nous apprécions, mais qui, pour moi, ne peut pas durer : je rêve de devenir mère, et, comme ma mère, d'avoir de nombreux enfants, au moins quatre ! Je me rends compte que je suis conditionnée par les femmes de la famille et je ne peux pas voir ma vie autrement. La vie serait tellement triste sans enfant...

Deux ans plus tard, nous achetons notre première maison puis je deviens mère à la trentaine, d'une petite fille pêchue et adorable, suivie d'une autre aux yeux ronds et aux cheveux bouclés, puis d'une petite poupée à la chevelure soyeuse. Je comprends alors ce que veut dire « être à la charge de ses parents ». On n'a plus de soucis à se faire que pour sa petite personne, mais les soucis sont multipliés par le nombre de personnes qui composent la famille…

Ma mère a tout d'un coup l'étoffe d'une super mère, puissance quinze, puisque nous étions treize enfants.

## 10

Notre petit frère Yen vient de terminer ses études. Il se marie et achète une maison à Moissy-Cramayel. Après plus de trente ans dans l'appartement de la cité Brossolette, ils quittent enfin Draveil. Mais toutes ces années marquent la vieillesse des parents et du temps qui passe. En s'installant chez leur dernier fils, ils ne sont plus désormais chez eux, mais chez Yen. Je pense que cela change pas mal de chose : c'est une nouvelle étape, le début d'un déclin inéluctable où les parents deviennent des enfants à la charge de ces derniers…

Nous réalisons le rêve secret de nos parents en vivant à cinq kilomètres à la ronde. Seuls Zo et sa famille se sont éloignés à environ trente kilomètres.

Mais nous restons unis devant la maladie. Le diabète de ma mère la rend totalement dépendante des hôpitaux et elle séjourne régulièrement à l'hôpital Louise Michel d'Évry où elle finit par être sous dialyse. Le cerveau s'habitue aux pires choses, lorsqu'il vit plus de deux fois les situations, même les plus traumatisantes. Au début de son hospitalisation, c'est la grande panique au sein de la fratrie. On se réunit en famille pour prendre les bonnes décisions : que faire ? Accepter la dialyse. Gérer le quotidien avec soin à domicile et visites à l'hôpital. Qui s'en charge ?…

Chacun contribue à sa façon et dans la mesure de ses disponibilités. C'est mon frère Blia qui passe le plus de temps avec nos parents. Depuis quelques années on lui a diagnostiqué une insuffisance rénale, ainsi qu'à son épouse. Il profite de son temps libre pour les emmener faire les courses ou pêcher avec notre père… Depuis peu, il vient de recevoir une greffe et commence à faire de grands projets de voyage. Il va retourner au Laos pour visiter le pays…

Mais ma mère est de nouveau hospitalisée et nous sommes de nouveau inquiets. Ses cheveux sont tout blancs et sa peau est bien ridée, soudain. Elle séjourne tellement à l'hôpital qu'elle a occupé toutes les chambres de l'étage des dialysés…

Une nuit, le téléphone se met à sonner et mon cœur bondit dans ma poitrine. Toutes les pensées les plus noires envahissent en quelques secondes mon cerveau.

Dans le combiné, la voix de mon frère Pheng :
— Blia est mort.

Je ne comprends pas. Je ne veux pas le croire. Je me dis que c'est un cauchemar.

Mais c'est bien la réalité. Lorsque le brouillard du matin se dissipe, je rejoins la famille à la morgue de Melun. Il a eu une rupture de l'aorte. Il n'y avait plus rien à faire, c'était trop tard.

Pour épargner tout choc émotionnel à notre pauvre mère, les médecins nous recommandent de cacher la nouvelle sur la mort de son fils. Ils nous demandent un effort surhumain, si bien que pour ne pas avoir à mentir, certains préfèrent ne pas aller la voir.

Mes sœurs et moi pleurons discrètement dans le couloir quand elle demande après notre frère qui venait tous les jours lui rendre visite. Ma mère soupçonne que quelque chose de grave est arrivé et nous demande en soupirant :

— Pourquoi mon petit Blia ne vient plus me voir ? Ça fait longtemps que je n'ai pas de ses nouvelles… Dites-lui de venir me voir.

Son visage se fait plus sombre. Nous cachons nos yeux pour éviter qu'elle n'y lise notre désarroi. Les funérailles se font sans elle, dans une salle des fêtes toute sombre. Mon père est mortifié par la douleur. Il ne dit rien, erre comme une âme perdue, de pièce en pièce, sous les incantations interminables et les cris larmoyants des pleureuses qui ne finissent plus de défiler. Durant trois jours et trois nuits, nous vivons ce cauchemar éveillé, la tête lourde du manque de sommeil, les yeux bouffis par les larmes, le cœur gonflé de tristesse, les oreilles remplies des tambours mortuaires, le corps tremblant de souffrance… Après l'inhumation, nous allons rendre visite à notre mère, comme si de rien n'était et lorsque nous lui annonçons la triste nouvelle, elle reste muette. Elle ne nous adresse plus la parole pour nous faire comprendre qu'elle nous en veut de lui avoir tout caché.

*

Nous essayons de reprendre le cours de notre vie,

mais les chants mortuaires et instrumentaux résonnent dans mes oreilles pendant des mois. Il doit en être ainsi pour tout le monde. Soudain, chacun prend conscience du temps qui court vers l'inéluctable.

Mais nous parlons peu de nos sentiments. C'est mal vu de les montrer, c'est signe de faiblesse, surtout chez les hommes. Quand les femmes, à chaque rencontre, s'enlacent longuement en reniflant, les hommes restent le visage fermé et les corps raides, ne laissant apparaître aucune émotion. D'ailleurs, je crois que je n'ai pas vu mon père pleurer.

Les funérailles de Blia ont été très difficiles pour lui, même s'il n'a rien laissé paraître. Quoi de plus terrible pour un parent de perdre son enfant, ce n'est pas dans l'ordre des choses. La cérémonie n'est pas parfaite : il y a beaucoup de tensions. Il faut sacrifier un animal, le découper, le stocker, le cuisiner pendant plusieurs jours… Et en plus de cela, beaucoup d'Anciens sont morts et ce genre de tradition devient difficile à maintenir car la nouvelle génération ne souhaite pas se plier à tous ces rituels lourds et fastidieux. C'est pour cela que mon père décide de se convertir au catholicisme. En 2009, il débute l'aumônerie. Mais ses esprits ne semblent pas vouloir le laisser se convertir. Très vite sa santé décline, son physique change.

En août, il est hospitalisé à Melun pendant plus de quinze jours, pour un problème de foie qui a énormément pris du volume. Dans la maison de Moissy-Cramayel, il ne peut plus monter dans sa chambre. On lui installe un lit dans le salon où il dort, en attendant de pouvoir retrouver sa chambre.

La maladie rend les parents plus vulnérables et fragiles, aussi, je me sens soudain plus adulte que d'habitude. Je me surprends même à lui faire la morale :

— Il faut que tu marches un peu. Arrête de rester tout le temps devant la télévision.

— Ton père et Alicia se chamaillent tous les jours pour regarder la télévision, ajoute ma mère !

Il me dit tout fier :

— Mon lit me manque tellement que l'autre jour, j'ai fait un énorme effort ! Marche après marche, j'ai rampé jusqu'en haut. Quand j'ai vu mon lit, j'étais tellement heureux !

Il espère y retourner un jour car dormir dans le salon n'est pas facile. Malheureusement, comme pour toute personne âgée, lorsque le déclin survient, la chute est vertigineuse. En octobre, il est de nouveau hospitalisé. Lorsque je lui annonce que je pars en vacances à la Toussaint, il me dit, sur un ton de reproche :

— Pourquoi veux-tu absolument partir ?

Je me demande pourquoi il faut toujours qu'il me culpabilise, il ne peut rien lui arriver. Mais au fond de moi, je crains le pire.

Comme tout est réservé, je ne peux pas annuler cette semaine de vacances que nous attendions depuis si longtemps. Nos petits budgets ne nous permettent pas de réserver en août, alors, lorsque l'offre de louer dans un appartement en Normandie se présente, je saute sur cette bonne occasion, même si je sais que nous ne pourrons pas nous baigner. J'essaie de le rassurer, mais c'est moi que je veux convaincre. Je ne vois vraiment pas mes parents vieillir : ils sont comme au moment où je les ai quittés pour faire ma vie. Ils étaient encore autonomes, ils vieillissaient bien et avaient à peine les cheveux blancs.

— Va-t'en alors ! Peut-être que lorsque tu reviendras, je serais déjà mort !

— Mais papa, tu ne vas pas mourir !

Je pars le cœur lourd. J'aurais aimé qu'il me dise :

— Oui, vas-y. Tu mérites ces vacances. Ça te fera du bien. Tout va bien se passer pour moi.

Mais dans la famille, il y a beaucoup de chantages affectifs.

Une semaine plus tard, il est toujours à l'hôpital, dans la même chambre. Il semble aller mieux.

— Ah, te voilà, me dit-il.

Je ressens comme un reproche. Je m'en veux quand même un peu, même si je suis soulagée de le retrouver égal à lui-même, pas très loquace. On échange des banalités, comme d'habitude. Il m'apprend qu'il sort bientôt.

Le retour n'est pas simple. Prise par mon quotidien, et le sachant entre de bonnes mains, je ne le revois que quelques semaines plus tard. Le changement est radical : il ne se déplace plus qu'avec un déambulateur. Il ne me reconnaît plus : lorsque je plonge par hasard mon regard dans le sien, je lis dans ses yeux de l'étonnement. Qui suis-je pour lui ? Je me sens obligée de le lui rappeler :

— Je suis Maiv ta fille.

Puis, je lui sers d'appui pour l'emmener jusqu'aux

toilettes et attends qu'il finisse pour le ramener à son lit.

C'est une période difficile pour mon jeune frère et sa femme. Je vis tout cela de loin, par procuration, empêtrée dans mon propre combat de mère de trois jeunes enfants et de femme active.

En décembre, il tombe dans un profond coma, tandis que ma mère séjourne encore à l'hôpital. Nous faisons la route entre Évry et Servon où il a été transféré dans un centre médical spécialisé pour les gens dans le coma. Pendant cette période, la peur m'isole dans un monde parallèle où je n'ai aucune conscience de la gravité de la situation. Je crois qu'on est tous dans cette inconscience.

Parallèlement notre mère est à nouveau hospitalisée. Mais cette fois, nous ne pouvons lui cacher la situation de notre père. Nous obtenons l'autorisation de la faire sortir. Sur la route, je la regarde tendrement : assise sur la banquette, une main sur la ceinture, comme elle a l'habitude de faire, elle ne dit rien. C'est comme une petite fille qu'on emmène promener et qui regarde la route, attendant sagement que la voiture s'arrête. Mais ce n'est pas une promenade et elle le sait.

À quoi pense-t-elle ? Je voudrais tellement savoir la consoler. Elle est si imperturbable... Lorsque nous arrivons dans la salle de réanimation, mon père est branché à une machine qui l'aide à respirer. Tous ses membres sont gonflés, ainsi que son visage.

Fébrile, diminuée, sa canne à la main, tremblante, ma mère s'approche de mon père et lui murmure quelques mots. Est-ce qu'il l'entend ?

— *Kov txiv*[33], il est venu le temps de se quitter...

Et elle se met à pleurer : c'est la première fois que je vois ma mère pleurer. Elle semble si fragile, si seule. Après plus de soixante ans de vie commune, comment se dire adieu ?

Elle est tellement fragile que nous la ramenons rapidement à Évry.

Les médecins sont incapables de nous dire la vérité sur l'état de notre père. Ils nous font croire à un retour à la maison qu'il faudra préparer : transfert dans une maison médicalisée, utilisation d'un fauteuil roulant, présence obligatoire d'un membre de la famille...

Mes tantes, tout juste arrivées des États-Unis, sont plus réalistes et ne nous bercent pas d'illusion. Elles ont déjà vu beaucoup de cas comme mon père. Il faut s'attendre à ce qu'il ne se réveille pas. Le prêtre vient le bénir dans son lit, il ne peut recevoir le baptême dans cet état...

Notre inconscience collective nous prive des derniers instants de notre père : nous ne comprenons pas que c'est bientôt fini. Chacun a repris son travail et, seul, notre frère aîné est chargé d'aller lui tenir compagnie.

De mon côté, je me fais un devoir d'y aller après le travail. Un soir, je croise un cousin qui est venu voir mon père. Il me dit :

— Ils ont débranché ton père, je ne sais pas pourquoi.

L'infirmière m'explique que mon père va se

---

33 *Kov txiv*, se prononce *koa txi* : dans ce contexte, peut se traduire par " mon époux ", expression qui mêle tendresse et respect...

réveiller et qu'il faut que je lui parle.

Alors, même si nous ne nous parlions jamais, je raconte à mon père ma journée et lui décris la neige qui tombe en abondance. Je lui prends la main : elle est chaude. Sa respiration soulève doucement sa poitrine. Cela me réconforte et je lui dis que je reviendrai le lendemain.

Mais le lendemain, la neige recouvre toutes les routes et ni mon frère Guia, ni moi n'avons le courage d'affronter la tempête. C'est cette nuit-là que mon père décide de nous quitter.

Nous ne gardons que des regrets de ce jour maudit. Pourquoi ne suis-je pas allée le voir ? Pourquoi a-t-il tant neigé ce soir-là ?

Pourquoi ? Pourquoi ?...

Les questions restent sans réponse.

Les funérailles de mon père se font dans une grande salle située dans un champ, en Seine et Marne. Nous veillons pendant trois jours et trois nuits, avec un défilé de personnes compatissantes venues de toute la France. Mes tantes insistent pour que nous soyons installés devant son cercueil ; c'est une torture pour moi. Je ne peux pas accepter que dans ce coffre en bois, que nous avons choisi avec soin, repose le corps de mon père ! Mes frères et sœurs vont et viennent. Moi, je ne peux pas bouger de ma place, contrainte par mes tantes qui me tiennent la main et je ferme les yeux pour ne pas regarder le cercueil. La semaine précédant cette cérémonie, j'ai passé de nombreuses heures à regarder les photos pour faire un diaporama de la vie de mon père : sévère, souriant, absent…

Ses nombreux visages défilent devant mes yeux, tandis que son corps est froid et sans vie.

Il n'y a pas de gongs ni de chants traditionnels pour guider son esprit vers ses ancêtres, mais des chants religieux chrétiens en langue Hmong.

Le troisième jour, un cri déchirant se fait entendre dans la salle. C'est tante Ka. Elle est aussi chamane et elle m'explique que l'esprit de mon père ne sait pas vers qui se tourner, puisque la route vers les ancêtres est fermée, à cause de la bénédiction du prêtre. Ses esprits ne savent pas comment le conduire…

C'est un immense choc. Je me mets à pleurer avec elle. Sa vision des choses m'ébranle totalement. Me serais-je mise à croire aussi à l'existence des esprits, contrairement à ce que je pense ? On dit que chaque Hmong, en mourant, rejoint la vallée de ses ancêtres pour y couler des jours heureux… sauf mon père ! L'image de celui-ci, bloqué sur son chemin, sans possibilité de passer, accompagnée du cri de douleur de ma tante me sont insupportables.

Le soir du troisième jour, il ne reste plus que les proches, les invités sont tous partis. La salle est vide et froide. Un petit feu est fait à l'extérieur pour y brûler les offrandes en papiers, symboles de billets d'argent, pour permettre à l'esprit de mon père de payer son voyage vers l'au-delà. Avant de se coucher pour les dernières heures en compagnie du défunt, nous rangeons et nettoyons la salle dans l'espoir d'écourter la nuit. Même avec seulement quelques heures de sommeil, cette nuit semble durer une éternité.

Le lendemain matin, nous parlons peu. Le petit

déjeuner est rapide. Nous avons hâte de quitter ce lieu qui nous a tant vu pleurer. Lorsque le corbillard arrive, nous donnons un dernier coup de balai, ramassons les dernières affaires ; il ne faut rien oublier, il faut partir sans se retourner, comme si un seul regard en arrière inscrivait à jamais les funestes heures de ce « lieu de malheur » dans nos mémoires. Un long cortège de véhicules suit la voiture de tête vers l'église de Moissy où nous attendent déjà les amis les plus proches et les plus fidèles.

L'église est remplie. On nous installe sur les premiers rangs, le cercueil est posé devant l'autel. Nos yeux sont bouffis, mais ce n'est pas fini. La fin de ce film cauchemardesque se termine au cimetière. Nous sommes tous autour du trou pour une ultime prière et un chant qui me déchire le cœur. Le pire moment est la descente du cercueil. Ma douleur explose en un gémissement mêlé de larmes et de morves, preuve d'une trop forte émotion que le corps évacue de cette façon.

Je m'appuie sur mon petit frère Yen en criant :

— Nous n'avons plus de papa !

Je reçois le regard inexpressif d'un homme qui n'a jamais su exprimer ses propres sentiments.

— Nous avons encore maman, me répond-il en guise de réconfort.

Mais ça ne me réconforte pas du tout.

Il faut vivre « l'après » mon père, seule. Lorsqu'on n'arrive pas à dormir, la nuit, et que l'on essaie d'oublier les images, puis les chants qui tambourinent. Il faut reprendre le quotidien laissé en suspens. Se lever le matin, aller au travail, affronter le regard des autres, leur gêne… Manger, continuer les activités sans oublier les enfants. Tout est si différent et pourtant si identique qu'avant.

Jour après jour, la douleur est moins vive, même si les souvenirs restent ancrés.

# 11

À la maison de Moissy, le silence s'est installé. Les visages sont sombres, les regards absents. Ma mère traîne avec peine son corps malade, entre l'hôpital et sa chambre, où elle dort désormais seule. Elle est trouillarde et trouve difficilement le sommeil. Peu à peu, elle décline. Certains jours, elle délire en racontant que des gens viennent dans sa chambre fouiller dans son placard. Elle cache discrètement une machette sous son oreiller pour pouvoir se défendre, mais nous lui substituons par une machette en bois.

Elle sème des grains de maïs dans toute la pièce pour chasser les mauvais esprits. Il est possible que le nombre important de médicaments qu'elle prend altère sa vision des choses et qu'elle confonde les jours et les personnes. Quelques fois elle se plaint que des gens sont venus lui prendre des bijoux, ou alors que d'autres ne cessent de l'importuner en discutant bruyamment… Elle affirme que ce sont des revenants.

On craint surtout pour l'infirmière qui vient matin et soir lui faire les soins et les piqûres d'insuline. … Souvent elle nous dit :

— Je n'ai pas envie de vous quitter.

Alors elle tient bon, malgré la souffrance. Elle a

encore toute sa tête et tous ses souvenirs, ce n'est que le corps qui défaille. On finit par lui retirer son grand lit pour lui installer un lit médicalisé. Elle mange très peu et ne peut plus descendre dans le salon. On met dans sa chambre un petit réfrigérateur et une bouilloire, ainsi que des petites bouteilles d'eau.

Pour se déplacer, elle récupère le déambulateur de mon père. Bientôt même elle n'a plus la force de se lever, alors on lui met une couche que je viens lui changer à midi. Elle gémit souvent de douleur et gigote dans tous les sens, parfaitement consciente de son état. La souffrance est comme des milliers d'aiguilles qui la charcutent et la tyrannisent… Puis c'est la gangrène à son pouce. Ce n'est pas très beau à voir. Les médecins recommandent de l'amputer et elle me montre son pouce endolori en me disant :

— Je l'aime tellement mon pouce. Qu'est-ce que je pourrais faire après ?

Les choses empirent de plus en plus. Elle nous reproche de ne pas venir la voir suffisamment, même si tous les jours, il y a quelqu'un avec elle, dans la maison de Moissy-Cramayel où mon frère et ma belle-sœur la laissent pour aller travailler. Mais cela n'est pas suffisant pour elle.

— Je pourrais simplement arrêter de manger pour mourir, dit-elle en guise d'ultime issue à sa souffrance…

Pourtant elle dit souvent ces derniers temps :
— J'ai peur de mourir.

Qui n'aurait pas peur ? Lorsqu'on se sent proche du dernier instant, les choses sont confuses et on doit se sentir acculé, comme pris dans un piège sans issue. Depuis plusieurs jours, son infection s'est aggravée. Mon frère Guia décide de l'emmener aux urgences de l'hôpital du Sud-Francilien. Il attend longuement avec elle dans les couloirs, mais finit par la laisser seule. Pendant de longs instants, elle fait face à sa solitude et sa douleur, avant que ma sœur Zeu ne vienne prendre la relève. Lorsque ma sœur arrive aux urgences, ma mère ne se plaint pas. Elle accueille ma sœur avec une froideur glaciale. Elle ne dit rien, contrairement à son habitude, son visage reste fermé. Elle est très fâchée contre tout le monde car elle se sent abandonnée par ses enfants. Son silence évoque sa déception et une sorte de punition qu'elle nous inflige.

\*

Quand vient le jour du dernier adieu, ce jour maudit, ce jour inévitable, ce jour insolent, ce jour fatal, le jour du dernier voyage. Tout se bouscule dans ma tête, embrumée de mille pensées inutiles, mille questions sans réponse, mille révoltes, mille milliers de milliards de refus de l'instant fatidique. J'aimerais posséder une télécommande pour faire un retour en arrière, pour figer le moment à un instant, celui de l'enfance, de l'innocence, de l'insouciance où on croit que nos parents sont éternels et ne nous quitteront jamais.

Je voudrais crier de toutes mes forces, de toute mon âme, de toutes mes tripes mon refus de voir ce terrible moment arriver. Je voudrais pleurer, perdre la mémoire, mourir avant tout le monde, pour ne jamais connaître cette douleur qui jamais ne s'atténuera et qui ne fait que grandir en moi...

Quand vient le moment du dernier adieu, je me suis installée dans un lit improvisé, avec mes sœurs, auprès de ma mère. Il y a aussi ma belle-sœur aînée. Dans la petite chambre d'hôpital, on discute doucement, de tout et de rien. Il faut tuer le silence.

Puis la nuit nous enveloppe tout doucement.

Dehors, la route vit les soubresauts éternels d'une nuit banale qui ressemble à toutes les autres nuits. Mais pour nous c'est le début d'une nuit sans fin qui commence...

Je la redoute, cette nuit dont j'écoute chaque bruit et la respiration de ma mère, qui témoigne que la vie est toujours là. Un instant, je prends peur. Et si... et si... elle mourrait ce soir... Vais-je supporter de la retrouver sans vie à mon réveil, si je m'endors ? Je tends l'oreille pour entendre sa respiration. Je suis soulagée.

— Non, elle ne va pas mourir tout de suite.

Quand ? Combien de jours devons-nous veiller sur elle ? Les médecins ont arrêté la dialyse. Ce n'est plus qu'une question de jours, ou d'heures. Mon cerveau endolori met de côté cette information. Je nie tout même si l'évidence est là ; nous ne disons rien, mais au fond de nous, nous le savons bien : nous veillons sur ses derniers instants.

La veille, chacun de ses enfants était venu lui chuchoter à l'oreille quelques mots, certains étaient restés seuls avec elle pour se confier une dernière fois. Mots contre maux : on la libère de cette vie de souffrance.

— Nos enfants sont grands, nous avons un toit, nous avons une famille. Maintenant, tu es libre de partir... tranquille, ne crains rien pour nous...

Moi, je n'ai rien pu dire. Les mots sont morts depuis longtemps, étouffés par deux grosses boules qui enserrent ma gorge. J'ai ouvert la bouche et rien n'est sorti, à part une phrase ridicule :

— C'est moi Maiv, je suis là aussi !

J'aurais pu dire quelque chose du style :

— Ma mère, c'est moi, ta Maiv. Pardonne-moi de n'avoir pas été à la hauteur de tes espérances ! De t'avoir souvent déçue ! Même si je suis têtue, tu es ma mère et je t'aime. Je ne veux pas que tu me quittes. J'ai encore besoin de toi, ma mère.

Et je me serais mise à pleurer... Devant elle, lui montrant ma grande faiblesse, lui donnant un dernier remords de nous quitter.

Quand vient l'instant du dernier adieu, je suis restée avec ma peur de reconnaître cette grande faiblesse, ou la honte de devoir dire ces choses que je n'ai pas l'habitude de dire. Connerie, orgueil ou fierté. Dommage, elle m'aurait appris l'humilité... et donné la force de vivre des instants difficiles...

On est quatre dans la chambre, avec ma mère, mais chacune est seule. Seule dans ses pensées. La télévision diffuse une émission sans intérêt. La nuit est longue, interminable. Les lits grincent lorsque l'on se retourne pour dégourdir le côté où repose tout notre poids. On n'ose pas trop bouger, de peur de donner un coup de pied à la figure de notre compagne de lit. On est couchées, tête-bêche, dans une position inconfortable, mais personne ne se plaint. De temps en temps, on n'entend plus respirer ma mère. Mais c'est juste qu'elle semble puiser au fin fond de ses poumons un souffle qui se termine, épuisé, sur ses lèvres.

Ma sœur Nadia lui mouille la bouche... de temps en temps. Sa poitrine se soulève en un mouvement rythmé : elle semble calme et moins torturée, quand lentement pointe le jour. Avec lui, on dirait que le brouillard se dissipe, que nos vies alors suspendues aux ailes de la nuit, trouvent soudain un regain qui ressemble à l'espoir. Ô jour béni ! Comment peux-tu m'ôter tant de frayeurs obscures en un seul trait de ta lumière ! Et me plonger dans un espoir si illusoire que j'en suis presque honteuse d'avoir tant cru en toi !

Le matin, chacune décide de rentrer se doucher et se faire sa toilette. Mon frère Guia vient prendre la relève et je serai la suivante. Le trajet vers la maison dissipe le doute et l'angoisse de la nuit. On se surprend à croire que tout va bien, que rien de pire ne peut arriver aujourd'hui. Pourtant, à mon retour, en haut de la francilienne, un nuage sombre plane sur l'hôpital. Hasard ou présage ? J'atteins le parking, le cœur lourd, sors de la voiture et rentre de justesse dans le hall de l'hôpital, avant qu'une pluie diluvienne ne déverse son flot d'eaux sur le bâtiment. Je croise mon frère Guia qui m'annonce, sans prendre de gants :

— Tu n'es pas au courant ? Elle est partie.

C'est idiot, mais je n'ai pas compris.

— Quoi ? Partie ? Quand ? Pourquoi ?

— Elle voulait boire. Je lui ai donné un peu d'eau, puis elle a poussé un soupir, et c'était fini. Une larme a perlé sur le coin de son œil...

Voilà comment j'ai manqué son dernier rendez-vous.

Elle est allongée sur le lit, là où on l'a laissée. J'ose toucher son visage ? Ou son bras ? Ou sa main ? Je ne me souviens plus. On pleure. Quelqu'un lance une plainte déchirante. On ne sait pas quoi faire, on attend les autres. Elle est chaude encore. Il faut l'habiller, avant qu'il ne soit trop tard, avant... Mais on dirait qu'elle dort, qu'elle peut se réveiller à tout instant. Je ne veux pas croire, j'ai peur de croire.

Quand vient l'annonce du dernier adieu, on voudrait être sourd pour ne rien entendre et aveugle pour ne rien voir.

Sur la cassette qu'elle nous laisse, sa voix tremble de fièvre et n'a déjà plus la force de s'élever, mais il n'y a ni reproches, ni regrets, seulement les mots d'amour d'une mère courage :

— Continuez à vivre ensemble et à vous aimer.

*

Le cerveau humain est fait d'ambiguïté : ma mère, en mourant, nous délivre de sa souffrance. Une fois habillée de son dernier habit de voyage, elle est descendue dans la morgue où nous la rejoignons dans la tristesse la plus totale. Nous évoquons ses derniers instants, chacun perdu dans ses pensées, sans savoir comment exprimer sa peine.

Puis elle est conduite au funérarium à Brie-Comte- Robert où personne n'a la force d'aller lui rendre visite. Les mots de ma sœur Zeu résument en tout point ce qu'a été sa vie :

— Elle est là-bas, toute seule dans la grande salle, sans personne pour venir la visiter.

Je l'imagine seule dans cette chambre froide, attendant un visiteur qui ne vient pas… Mes nuits sont sans sommeil et mes jours sans issue.

Le jour des funérailles, nous partons à cinq pour lui apporter ses affaires que nous mettons dans son navire-cercueil. On l'a maquillée ; elle est presque belle ma mère, elle qui n'a jamais brillé de beauté physique, mais qui a toujours essayé d'être une belle mère pour toute sa fratrie.

Ses funérailles ont lieu pendant la semaine du quatorze juillet deux-mille-douze, dans une salle qui jouxte celle où nous avions tant pleuré notre père. La famille et les amis viennent pour un dernier hommage dans une ambiance digne et humble. Nous faisons les mêmes rituels que pour mon père, mais tout est plus calme, plus serein. Elle a survécu à trois membres de sa famille. C'est bien assez : elle a le droit de se reposer, après tant de souffrances.

Nous avons vécu avec elle la fin de notre voyage, le dernier.

Devant la tour Bisséous (Castres)

La première fois à la mer

# Épilogue

Le Laos est loin maintenant. Nous nous sommes fondus dans la population Française. A force de vouloir écarter nos origines pour mieux nous intégrer, nous nous sommes égarés. Nos traditions et nos cultures sont perdues.

Nous essayons difficilement de faire perdurer les conseils de nos parents : saurons-nous, comme eux, mettre de côté nos désirs individuels pour permettre à la famille de continuer à vivre ensemble et en harmonie ?

# Table des principaux noms propres

| | | |
|---|---|---|
| Mao : | Mos | [mao] |
| Tou : | Tub | [tou] |
| Guia : | Nkias | [guia] |
| Tseu : | Ntxawg | [dzeu] |
| Choua : | Suav | [choua] |
| Pheng : | Phiab | [Pia] |
| Blia : | Npliaj | [blia] |
| Zeu : | Ntxawm | [dzaeu] |
| Nadia : | Dawb | [daeu] |
| Kou : | Txooj | [tson] |
| Zo : | Ntzov | [dzoa] |
| May : | Maiv | [may] |
| Yen : | Yeeb | [yen] |
| Xang : | Xab | [sa] |
| Tcha : | Tsab | [tcha] |
| Heu : | Hawj | [haeu] |
| Lis : | Lis | [li] |
| Vang : | Vaj | [va] |
| Vang Pao : | Vaj pov | [va pao] |
| Blia Tchong : | Npliaj Tsooj | [blia tchon] |
| Txi Tchou : | Txiv Tsu | [tsi tchou] |
| Yaeu Noa : | Yawg Nom | [yaeu noa] |
| Tcha Yia : | Tsav Yias | [tcha yia] |
| Gnay-Vang : | Nchaiv Vaj | [diay va] |
| Gua-Ning : | Nkaj Neeb | [ga nain] |
| Blia Txia : | Npliaj Txiam | [blia tsia] |
| Say Txong : | Xaiv Txoov | [say tson] |

# Les villes du Laos et de la Thaïlande cités dans le livre

| | | |
|---|---|---|
| Paksé : | Phaj Kheb | [paksé] |
| Phao-Khao : | Phoj Kaom | [paokao] |
| Long-Cheng : | Looj Ceeb | [lontien] |
| Té-Niou-Crou : | Teb Nyuj Qus | [té niou crou] |
| Phu-Mou : | Phwv Mus | [pumou] |
| Hin Heu : | Heev heus | [un euh] |
| Pa-Ning : | Phaj Neeb | [panin] |
| Pu-Nieu : | Phwv Nyaws | [punieu] |
| Na-Nyos : | Nas Nyos | [nanio] |
| Pa-Son : | Paj Xoom | [passon] |
| Vinaï : | Vib Nai | [vinay] |
| Na-Sou : | Nas Xus | [nassou] |

# POUR EN SAVOIR PLUS...

## UN PEU D'HISTOIRE

L'histoire des Hmong du Laos débute en Chine, au Yunan, dans le début du XXè S. Sans cesse en conflit avec le gouvernement Chinois qui tente de sédentariser ce peuple de nomades qui se qualifie d'hommes « libres » (sans soumission à un gouvernement), certains Hmong migrent vers le sud de l'Asie et s'installent en Thaïlande, au Vietnam, au Laos...

Grands agriculteurs, ils cultivent le riz et le maïs destinés uniquement à leur propre consommation, puis commencent à cultiver l'opium pour le vendre aux pays voisins et occidentaux, dont la France colonisatrice.

Durant la Guerre d'Indochine, ils payent, malgré eux, de lourdes pertes humaines en combattant au côté des Français contre le Vietnam (13 mars-7 mai 1954 : Bataille de Dien Bien Phu.). Pendant la Guerre du Vietnam (1959-1975), les Américains installent une base aérienne dans la Province de Long-Cheng et enrôlent les hommes et les enfants pour faire la guerre contre le communisme. Au Laos, les Hmong doivent se battre contre d'autres Hmong, rangés du côté du Pathet-Lao, parti communiste Laotien, né sous l'inspiration du Viêt-Minh.

Dans les années 1975, il y a environ 30 000 Hmong qui vivent dans la Province, nourris par le Gouvernement Américain qui lâche régulièrement des sacs de nourriture sur la base militaire.

Après plus de vingt-deux ans de conflits, les Américains se retirent et abandonnent le Laos et ses « alliés » Hmong. Pourchassés pour trahison par leurs propres frères, les Hmong qui ont combattu au côté des Occidentaux, doivent fuir, sous peine d'être fusillés.

Les Hmong qui n'ont pas la chance d'être pris en charge par les hélicoptères de rapatriement, décident de prendre la fuite en s'engouffrant dans la forêt, tandis que d'autres préfèrent rester et continuer à cultiver leurs champs. Ceux qui parviennent en Thaïlande sont parqués dans des camps de réfugiés avec d'autres minorités ethniques contraintes à la fuite, de peur de la répression communiste : les Phai, les Thin, les Yao, les Khmou, les Mlabri…

La Communauté Internationale réagit en organisant l'accueil des réfugiés. La France et les États-Unis sont les principaux pays d'accueil (1000 réfugiés par mois).

Le 29 décembre 2009, le Laos et la Thaïlande signent un accord de rapatriement des Hmong vers le Laos. Les camps sont démantelés.

Aujourd'hui, quelques milliers de Hmong vivent encore dans la forêt.

# ENTRE COUTUMES, TRADITIONS ET CULTES

Coutumes, traditions et cultes ont une légère divergence selon le clan à qui chaque Hmong appartient. Il y a les Hmong blancs qui représentent une majorité de l'ethnie, puis les Hmong verts et les Hmong à manches « rayés ».

Chacun parle le même dialecte avec une légère différence de prononciation. Les informations qui suivent concernent essentiellement les Hmong blancs.

## *Naître*

Dans les campagnes Hmong, même enceinte, la femme travaille tout le temps, jusqu'à ce que naisse l'enfant qu'elle met bas avec une accoucheuse, chez elle. Ensuite, elle ne doit pas quitter son bébé pendant un mois au cours duquel elle se nourrit de bouillon de poulet fraîchement tué ; elle doit également s'habiller chaudement en se couvrant la tête, les mains et les pieds.

Pendant un mois elle n'a pas le droit d'aller voir sa famille. Cela vient de la croyance animiste qui explique que « les esprits du clan de son époux » ne doivent pas rencontrer les « esprits du clan de sa famille de naissance », comme si l'innocence du nouveau-né ouvrait la porte aux esprits de l'au-delà...

Au bout d'un mois, une cérémonie dite « *khi tes*[34] » est organisée pour officialiser l'union au sein de la communauté : la famille et les amis sont invités à partager un repas dans convivialité.

---

34 *Khi tes*, se prononce ki té : signifie « Nouer la main » : cérémonie qui consiste à nouer un fil en coton sur le poignet en guise de porte bonheur. C'est une cérémonie qui se fait à toutes les bonnes occasions : naissance, mariage...

## *Être un garçon*

Dans une communauté patriarcale, l'homme a la charge de la renommée de toute la famille et du clan.

Chaque clan peut compter des milliers d'individus qui ne se connaissent pas forcément. Le mariage dans le même clan est strictement interdit : cet acte est pire que tous les crimes, puisqu'il est considéré comme incestueux.

Une vieille légende Hmong raconte qu'il y a de cela très longtemps, la terre connut un déluge qui noya tous les hommes. Il ne subsista qu'un frère et une sœur. Ils allèrent voir le devin, le « shao » qui leur dit de s'accoupler afin que renaisse la race des humains. Ils obéirent, mais l'enfant qui naquit de cette union n'avait ni tête, ni membres et ressemblait à une courge. « Shao » leur demanda de découper la courge en de petits morceaux et de les éparpiller : un morceau au nord, un autre au sud, un troisième à l'est, un autre près d'une rive, et ainsi de suite… Le lendemain, ils eurent la surprise de voir à chaque endroit où ils avaient déposé un morceau de leur bébé, un couple accroupi à côté d'un feu qui crépitait. Chaque couple formait un clan : le clan Ly, le clan Xiong, le clan Yang, le clan Moua, le clan Lor, le clan Heu…

Le poids de la lignée est tel que tout homme se doit de conserver coûte que coûte les traditions afin de transmettre cet héritage jusqu'au petit dernier. La polygamie est pratiquée couramment et elle est d'autant plus légitime si la première épouse ne donne pas naissance à un garçon. Un homme peut avoir plusieurs épouses pour que sa descendance soit assurée.

C'est grâce au clan et à la famille qu'un homme peut asseoir sa renommée et être bien perçu par le reste de la communauté : un homme qui a peu de frères, cousins, oncles, ou pas du tout, voit son existence réduite en peu de considération. De ce fait, comme les litiges se règlent entre hommes, celui qui a peu de familles pour le représenter, ne peut que timidement demander de l'aide à d'autres clans qui, de fil en aiguille, se trouve être une parenté lointaine.

Les Hmong sont très solidaires entre eux.

## *Être fille*

Les filles sont éduquées pour devenir de bonnes futures épouses et comme elles doivent quitter le foyer familial de naissance. Dans les campagnes, elles n'accèdent souvent pas à la scolarisation qui est considérée comme une perte de temps, et un investissement perdu pour sa famille de naissance.

Très jeunes elles travaillent du matin au soir, toute l'année jusqu'à atteindre l'âge d'être mariée, quelques fois à douze ou treize ans. Elles n'ont pas le droit de refuser le mari qui leur a été choisi par leurs parents. Leur mariage s'apparente parfois à une vente, puisque les parents du marié doivent verser une dot qui se compte en kilo de lingots d'or et d'argent.

Une fois mariées, elles perdent totalement leur existence propre, jusqu'à leurs noms et prénoms. En effet, on les appelle par le prénom de leur époux.

La vie des femmes est très difficile. Elles participent largement aux tâches ménagères en aidant leur mère, et lorsqu'elles se marient, elles doivent être capables de faire fonctionner le foyer familial de son époux. La contraception n'existe pas et les femmes sont souvent enceintes d'une année à l'autre.

## *Se marier*

Avant de prendre son épouse, le garçon doit informer ses parents de l'origine de sa prétendue. S'ensuit d'abord une enquête minutieuse des deux parties sur l'une et l'autre famille. Il est conseillé de se marier avec de la famille proche ; dans certains cas, les mariés sont cousins/cousines germains(es). Mais il ne faut surtout pas faire partie du même clan : le cousinage même sans lien de parenté a forcément une origine de la même souche, si lointaine soit-elle.

Une fois les enquêtes effectuées et qui confirment que les futurs mariés n'ont pas de lien de parenté et sont de bonnes familles, le marié « kidnappe[35] » la fille. Si les deux futurs époux se sont mis d'accord sur ce kidnapping, la fille suit en douce le garçon. Si la fille n'a aucun intérêt pour le garçon elle est enlevée de force et n'a plus d'autres choix que de l'épouser, pour préserver l'honneur de ses parents.

Les parents du garçon envoient un messager pour informer les parents de la fille qu'ils comptent venir demander la main de cette dernière. Une date est fixée. Trois jours plus tard, les futurs mariés se rendent au domicile de la mariée, accompagnés de plusieurs hommes de confiance nommés par les parents pour les représenter. Il y a le négociateur et les suppléants, le garçon d'honneur et la demoiselle d'honneur, les cuisinières qui devront préparer un repas pour la famille de la mariée.

La négociation peut durer plusieurs jours au bout

---

35 De nos jours les jeunes se marient par amour.

duquel les mariés et les accompagnateurs doivent retourner chez eux avec la mariée. La famille de cette dernière doit préparer un repas pour le retour. A partir de ce moment, la fille quitte définitivement sa famille de naissance pour vivre une vie totalement dédiée à son mari et à sa belle-famille. Les objets de la négociation sont scrupuleusement notifiés à l'ensemble des représentants-témoins des deux parties qui, en cas de litiges futurs, sont sollicités pour défendre l'une ou l'autre partie.

Les parents de la fille demandent souvent une dot assez conséquente qui rebute quelques fois de jeunes prétendants qui n'ont pas d'argent.

## *Se soigner*

Les Hmong sont animistes. Entre croyances et superstitions, le pays est rempli de revenants, d'âmes errantes et un esprit en peine peut être malveillant. S'il rentre à l'intérieur d'une maison, il pourrait vouloir rester pour tourmenter ses occupants.

Toute maladie ou comportement inexpliqué est considéré comme l'œuvre des esprits. Il faut alors demander l'aide du chaman[36]. Ce dernier possède la clé qui lui permet de communiquer avec les esprits. Dans la maison du malade, il emmène son gong, ses cloches et ses cornes de buffles. Après une danse préliminaire qui peut durer des heures, il rentre en transe et parle un langage inconnu de tous : c'est la langue des esprits. Il les invoque et leur demande l'objet de leur mécontentement. Puis il tente un dialogue pour négocier la guérison du malade et l'apaisement de son esprit fâché.

Cette guérison se fait en contrepartie d'un sacrifice. On peut imaginer tout genre de sacrifice possible : plus la maladie est difficile à guérir, plus la contrepartie est conséquente (poule, cochon, boeuf...).

Le don de chaman se transmet de génération en génération. Il arrive que plusieurs membres de la même famille soient investis de cette mission dans la même génération ou d'une génération à l'autre. Mais chaque famille pratique le rituel différemment.

On ne devient pas chaman par sa propre volonté.

---

[36] Le chaman intervient durant tous les événements qui marquent la vie d'un Hmong : naissance, maladie, décès.

Les esprits viennent s'imposer à celui par qui ils souhaitent transmettre leurs volontés et cette personne ne peut pas résister : elle doit impérativement répondre favorablement à leurs demandes, sous peine de toutes les tortures et sévices divers (maladies, insomnies, comportements irrationnels). Et cela peut durer un certain temps, des mois ou même des années.

Il y a plusieurs façons de pratiquer le chamanisme :

1. Chamanisme dit « *neeb cag* » ou « *neeb txwb zeej* » : c'est un don de chamanisme qui se transmet de génération en génération dont le but est de guérir.
2. Chamanisme dit « *neeb saub* » : on fait appel à un devin pour soulager ses maux physiques ou spirituels.
3. Chamanisme dit « *poj qhi* » : devant un feu, le chaman utilise une cuillère qui lui sert de clé pour ouvrir la porte de l'au-delà et aller à la rencontre des esprits.

Peu de Hmong comprend le rituel complet de la séance de chamanisme.

Je conseille la lecture du livre du Dr Jean-Pierre Willem, médecin sans frontière qui a soigné les réfugiés de Nam-Yao en 1977 (pages 64-65 : *Les naufragés de la liberté* – existe seulement en version numérique). Il mentionne 16 paliers que doit gravir le chaman afin d'atteindre le ciel pour y rencontrer les bons esprits et demander leur faveur au nom du malade.

## *Cérémonies Hmong : Khi tes et hu plig*

Ce sont des étapes indispensables de la vie d'un Hmong. La cérémonie « *Khi tes* » consiste à nouer un fil autour du poignet de la personne en l'honneur de qui la cérémonie est offerte. A chaque fois qu'un nœud est fait, celui qui noue le fil doit faire un vœu de bienveillance.

Cette cérémonie se fait en toute occasion de célébration : naissance, mariage, changement de prénom, « *hu plig* », etc. Alors qu'elle est d'aspect plus culturel, la cérémonie « *hu plig* », quant à elle, a un aspect lié aux croyances animistes. En effet, cette deuxième cérémonie consiste à faire appel aux esprits pour guérir l'âme de la personne et à l'apaiser. Elle s'accompagne toujours d'un sacrifice animalier. L'une ne se fait pas sans l'autre, mais les convertis ne pratiquent plus la cérémonie «*hu plig* » qui est à l'encontre de leur nouvelle religion.

## *Devenir un homme*

Lorsqu'un homme est marié et atteint un certain âge de « maturité », il change de prénom. Souvent c'est à l'âge de quarante ans et lorsqu'il est père.

On dit qu'il prend un nom de « vieux ». Ce nouveau nom est souvent composé de son prénom et d'une particule qui lui donne une certaine notoriété.

Parfois il change complètement de prénom. Dès lors il est reconnu au sein de son clan par ce nouveau prénom. Il n'y a pas de rites de passage, comme dans certaines communautés animistes, seulement un repas fait en son honneur par ses parents qui lui choisissent ce nouveau prénom. La famille et les amis sont conviés au repas précédé d'une cérémonie de « *khi tes* » qui officialise cette nomination aux yeux de toute la communauté.

## *La broderie*

La broderie est une affaire de femmes. Les tenues vestimentaires sont cousues par les femmes qui transmettent ce savoir à leurs filles dès leur plus jeune âge. Dès qu'elles ont du temps libre, elles brodent des manches, des tabliers, des liserais de chemises qui sont cousus aux ensembles qui forment les costumes de fêtes de fin d'année. Il faut presque une année entière pour fabriquer un costume. Chaque province a son costume ; il peut en exister une vingtaine.

Plus il est coloré et brodé aux figures géométriques, plus c'est synonyme de richesse.

Une fois par an, il y a une fête du Nouvel An et c'est l'occasion pour les jeunes gens de se rencontrer et de trouver sa compagne ou son compagnon pour la vie.

Il paraît que dans les temps anciens, les motifs géométriques et colorés des Hmong représentaient une écriture. Lors d'une guerre, deux frères tentèrent de s'enfuir avec leurs précieux trésors littéraires brodés sur des tissus, mais furent rattrapés par leurs ennemis alors qu'ils traversaient une rivière. Ils furent tués et leurs corps finirent au fond l'eau avec l'écriture Hmong. Vérité ou légende ? Il n'y a pas d'écrits pour affirmer ou infirmer cette histoire…

## *Le Nouvel An*

C'est un des rares moments festifs des Hmong. Le Nouvel An est célébré sur plusieurs jours. C'est le moment de sortir les vêtements brodés de fils colorés et les colliers en argent. Comme évoqué à plusieurs reprises, les jeunes gens en profitent pour se courtiser en duels de chansons, les « *kwv txhiaj* », excellées par tous. Ces chants traditionnels Hmong sont sans musique. Ils sont apparentés au « Fado » Portugais. Ce sont des chants d'inspiration immédiate sans préparation, ni de notes écrites. Ils sont inspirés de la vie quotidienne et sont intraduisibles ; seules les oreilles habituées en comprennent le sens. Pendant le Festival du Nouvel An, les jeunes s'adonnent au jeu du « *lancer de balles* » pour se courtiser. Celui qui ne rattrape pas la balle doit chanter à l'autre une chanson pour lui faire part de ses sentiments. L'autre doit lui répondre également en chant. La mélodie est langoureuse et émeut l'auditeur au plus profond de lui-même. Ces « *kwv txhiaj* » sont chantés en toute occasion : ce sont des chants de séparations, de deuils, de solitude, de nostalgie…

Les chants tels que nous connaissons en Occident apparaissent lors des années 1975. La chanson « *Xyoo 75* » résume le choix difficile de ceux qui ont décidé de tout quitter pour sauver leurs vies, une année qui restera gravée dans la mémoire collective.

En voici une traduction :

**L'année 1975**

En mai 1975
Notre pays entra en guerre
Nous fûmes obligés de quitter nos maisons,
nos champs et nos animaux
Nos cœurs furent brisés,
lorsque nous abandonnèrent nos fermes
C'était pour de vrai et nos visages s'assombrissaient

Au milieu des collines,
nous avions regardé en arrière une dernière fois
Nous entendîmes les cris de nos animaux affolés
Nos larmes coulèrent sans fin
mais nous ne pouvions nous confier à personne…

Nos pères portaient les petits
tandis que nos mères suivaient derrière
Les plus petits s'accrochaient au cou des pères
Les bébés étaient attachés aux ventres de leurs mères...

A cause de la guerre nous sommes sans patrie et sans pays
Nous sommes comme des animaux sans honneur
Y aurait-il un jour où nous retournerions
dans notre pays, enfin ?

## *L'écriture*

La culture Hmong était traditionnellement et entièrement orale. Les plus jeunes apprenaient de leurs aînés les usages et les coutumes de leur clan par les récits, les chants et les litanies.

L'écriture des Hmong a été codifiée à partir des travaux conjoints du prêtre français Yves Bertrais, d'un pasteur protestant nommé Roff, d'un missionnaire américain et d'un spécialiste linguiste en 1953. Cette écriture, appelée « Écriture hmong RPA » (Romanized Popular Alphabet) utilise l'alphabet latin. Cependant, il existe des différences de prononciation entre les Hmong blancs et les Hmong verts qui s'apparentent aux accents, elle est devenue progressivement universelle pour tous les Hmong, contre la volonté du gouvernement laotien qui souhaitait que toutes les ethnies du territoire utilisent les caractères laotiens. L'écriture des Hmong a donc été directement liée à l'histoire de l'évangélisation. Même si la diaspora hmong utilisera souvent des cassettes pour s'envoyer des nouvelles, l'écriture hmong RPA permettra l'envoi de lettres à des milliers d'émigrés. Elle contribue à ce que la langue et la culture Hmong survivent.

## *Entre Hmong*

Les Hmong se considèrent comme une grande famille. Comme ils pratiquent le culte des Anciens, on visualise sa place dans la famille, pour pouvoir nommer les autres membres par rapport à cette place. Pour appeler l'oncle ou la tante, on utilise un terme différent, selon qu'on soit un garçon ou une fille.

| Si on est : | *Grande sœur* | *Petite sœur* |
|---|---|---|
| Fille | Niam laus [nia lao] | Niam hluas [nia loua] |
| Garçon | Muam hlob [moua lo] | Muam yau [moua yao] |

| *Si on est :* | *Grand frère* | *Petit frère* |
|---|---|---|
| Fille | Nus hlob [nou lo] | Nus yau [nou yao] |
| Garçon | Tij laug hlob [ti lao lo] | Kwv yau [ku yao] |

Une fois qu'on est marié, on appelle ses parents différemment, en se positionnant du côté de ses enfants :

– « *niam tais, yawm txiv* » : grand-mère maternel, grand-père maternel,

– « *niam pog, txiv yawg* » : grand-mère paternel, grand-père paternel.

Ce sont des exemples simples. Les aînés doivent apprendre aux jeunes ces appellations considérées comme signes respectueux des anciens.

## *Mourir*

La mort est omniprésente dans la vie d'un Hmong. Mais, de manière contradictoire, on ne meurt jamais réellement. Chaque Hmong croit à la réincarnation, à la vie après la mort, et à une continuité dans la vie de tous les jours (marquée par le culte des Anciens). Aussi les cérémonies funéraires sont lourdes et onéreuses pour la famille du défunt. En effet, elles peuvent durer jusqu'à une semaine (nuit et jour) en fonction de l'importance du défunt. Elles se tiennent généralement dans la maison du défunt où il est allongé la tête positionnée vers l'est. En France, la cérémonie se passe durant un week-end.

Les gens du pays affluent et un rituel protocolaire est officialisé par des experts nommés pour l'occasion. Ce rituel se termine par l'envoi de l'âme du défunt vers le lieu où continuent à vivre ses ancêtres qui l'attendent et l'accueillent parmi eux. Aussi, il ne doit pas se tromper de chemin. La famille lui prépare des branches de papiers, symboles d'argent, pour lui permettre de payer son voyage, se nourrir et surtout pour payer l'entrée de son passage à la porte de l'au-delà.

Des chants sont entonnés pour éloigner les mauvais esprits de son passage car tout comme un nouveau-né, il ne connaît rien de la vie des esprits et il ne doit pas être dérouté vers des lieux interdits, ou se perdre entre la Terre et le Ciel.

On dit qu'un Hmong possède trois esprits : l'un va rejoindre ses ancêtres, l'un renaît et le troisième continue sa vie parmi les vivants… C'est l'essence de ses descendants.

De nos jours, il y a beaucoup de Hmong convertis au catholocisme ou au protestantisme, mais cette façon de rendre hommage au défunt demeure vif. Il y a toujours la veillée pendant tout le week-end. Chez les convertis Catholiques, c'est le prêtre qui officialise les étapes de l'envoi de l'âme au Paradis et de sa résurrection.

# RÉFÉRENCES

1. *Les naufragés de la liberté. Le dernier exode des Méos* – Dr Jean-Pierre Willem - SOS Editions (1980). N'existe que sous format numérique.

2. *La langue Hmong* – Barbara Niederer (article internet).

3. *Allons faire le tour du Ciel et de la Terre. Le chamanisme des Hmong vu dans les textes* – Jean Mottin (1981).

4. *Les Hmong du Laos en France* – Jean-Pierre Hassoun (Ed. PUF).

5. *Les Hmong de la Péninsule indochinoise* – Christian Culas et Jean Michaud (article internet).

6. Isabelle Alleton, *Les Hmong aux confins de la Chine et du Viêtnam: la révolte du « Fou » (1918-1922)*, in *L'histoire de l'Asie du Sud-Est. Révoltes, réformes, révolutions*, (éd.) Pierre Rocheux, Lille, Presses universitaires de Lille, 1981, p. 31-46.

7. *Ne me lâche pas la main* - Cathou Quivy (Ed. Stellamaris).

# REMERCIEMENTS

*Merci à ma famille
d'avoir accepté de revivre notre histoire en la publiant ici.*

*Merci à mes nièces et à mes neveux
pour leur soutien et leurs conseils.*

*Merci à mes tantes et à mes oncles
qui m'ont confié leurs récits.*

*Merci à mes filles et à mon mari
qui m'ont supporté pendant la rédaction de ce livre.*

*Merci à mes parents
pour leurs témoignages posthumes et à tout ce qu'ils nous ont donné : l'amour, l'espoir, l'unité et le respect de la vie.*

*Merci à Brigitte L. sans qui ce projet n'aurait jamais débuté.*

*Merci à Maly X. pour son aimable participation à la lecture et à la correction de cette dernière version.*

© 2025 Maiv Lis
Édition : BoD · Books on Demand, 31 avenue Saint-Rémy, 57600 Forbach, bod@bod.fr
Impression : Libri Plureos GmbH, Friedensallee 273, 22763 Hamburg (Allemagne)
ISBN : 978-2-3225-5135-4
Dépôt légal : Avril 2025

MIXTE
Papier issu
de sources
responsables
Paper from
responsible sources
FSC® C105338